ユダヤ人虐殺の森

リトアニアの少女マーシャの証言

清水陽子 著

EURASIA LIBRARY

ユーラシア文庫
3

目次

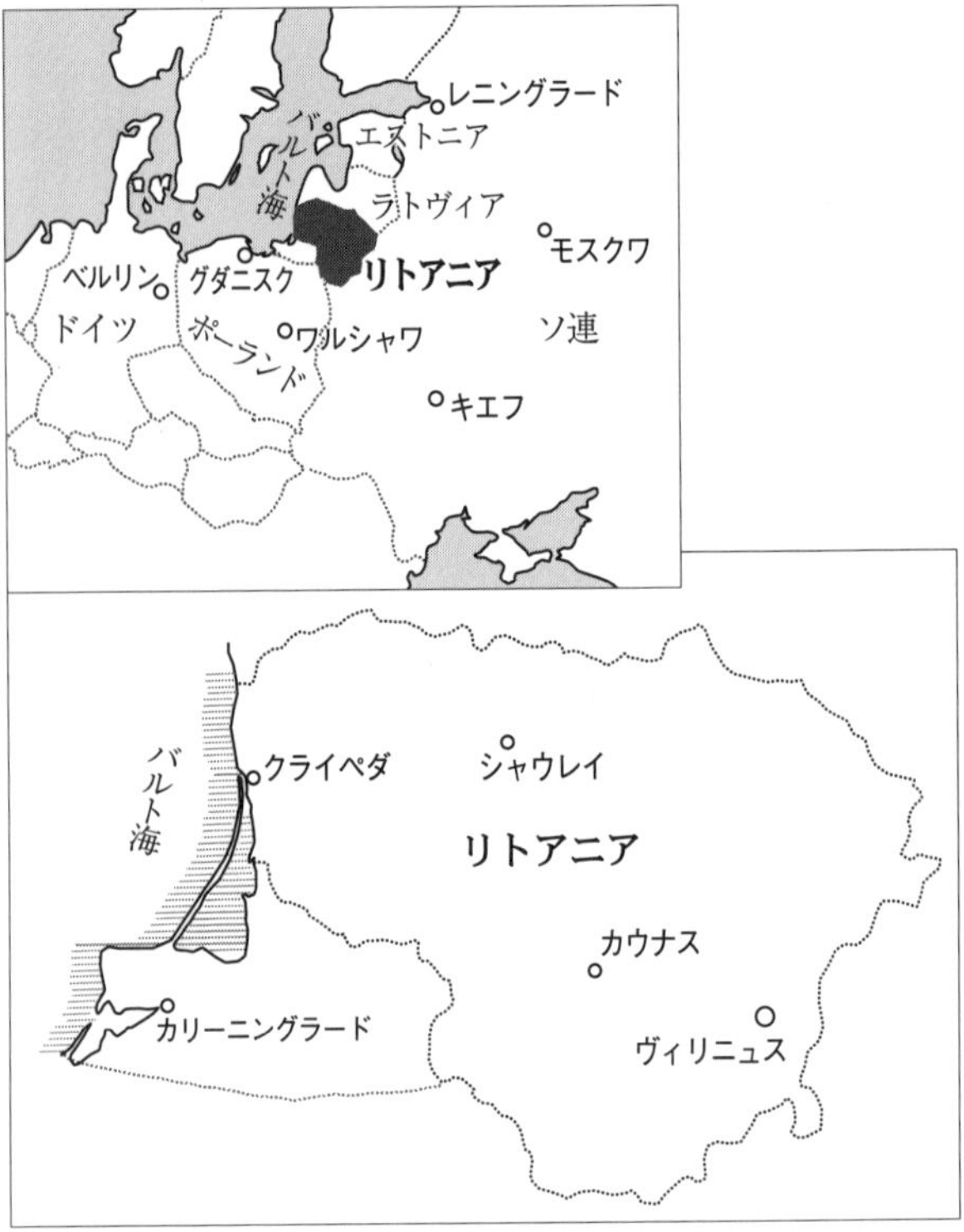
レニングラード
バルト海
エストニア
ラトヴィア
モスクワ
ベルリン
グダニスク
リトアニア
ドイツ
ポーランド
ワルシャワ
ソ連
キエフ
バルト海
クライペダ
シャウレイ
リトアニア
カウナス
カリーニングラード
ヴィリニュス

ユダヤ人虐殺の森

――リトアニアの少女マーシャの証言――

はじめに　パネリアイ・メモリアル

リトアニアの作家マリア・ロリニカイテさんのドキュメント『マーシャの手記』を読んで、リトアニアに出かけた。

リトアニアはバルト海沿岸にある森と湖の美しい国である。

首都ヴィリニュスの町を出るとたちまち森になり、森の中を南西に九キロほど進むと、パネリアイ（ロシア語・ポナーリ）・メモリアルがある。右手に大きく《パネリアイ・メモリアル》と書かれ、左手に《パネリアイの森で、一九四一年七月〜一九四四年七月までにヒトラーの占領軍と地元の共犯者は十万人のユダヤ人を銃殺して、埋めて隠した。そして、一九四三年十二月から銃殺した死体を掘り出して焼いた》と四か国語で書かれている。

明るい森だ。すらりと高いのはアカマツやカラマツだろうか。梢が風で揺れている。森の中の道を行くと、所々に記念碑があり、説明が記されている。

ふっと、目の前にぽっかりと広い空間が現れた。大きなすり鉢状で、下には白いブロッ

パネリアイ・メモリアルのプレート

クで縁取りされた大きな円形の草地があった。

階段を下りてみると、円の中には小さな白い花をつけた草が一面に生え、風に揺れていた。カスミ草よりも小さな花々だ。楚々とした小さな無数の白い花が、一斉に私に顔を向けたように見えた。ブロックの縁取りのまわりに歩道があり、ベンチもおかれている。半分回って、先の階段を上がって道に出ると、説明板があり、《ここでヒトラー主義者が死体を掘り出して焼いた》と書かれていた。自分たちの残虐な行為に関しては死んだ証人さえ残してはならなかったのだ。

下の草地へと目を戻すと、一面の白い花々がさわさわと音をたてたような気がした。忘れないで、忘れないでと訴えているようだった。

1 ナチス・ドイツ軍のリトアニア侵攻

一九四一年六月二十二日、ナチス・ドイツ軍はソ連に対する宣戦布告と同時にリトアニアに侵攻した。混乱の中でドイツ軍はリトアニアの独立を一時的に認めたが、間もなくリトアニア政府を解散させて、占領下に置いた。

シュターレッカー将校指揮下のドイツ親衛隊と警察官で構成された移動虐殺部隊のアインザッツグルッペAの分遣隊がリトアニアでの行動を開始した。いくつかの場所でシュターレッカーの要員がユダヤ人虐殺を奨励すると、直ちに一部のリト

パネリアイの森・虐殺の場

アニア市民は協力して、実行に取りかかった。

ドイツ軍はヴィリニュスの町に侵入すると、すぐにユダヤ人の男性を手当たり次第に捕まえて、パネリアイの森に連行し始めた。《男狩り》である。

森にはもともとソ連軍が液体燃料の貯蔵用として掘った大きな穴が点在していて、その深さ約三五メートル、直径二〇メートルほどの穴をそのままユダヤ人の虐殺の場にしたのだ。

パネリアイの森に連れて来られたユダヤ人は穴に倒れこむように淵に並ばされ、銃殺された。順番を待っている人たちが銃声を聞いて暴れたりしないように、耳をつんざくような鋭い機械音を常に現場で鳴らし続けていたという。

一九四一年末までのわずか六か月足らずの短期間にほぼ十万人が銃殺された。

なぜ、こんなに大勢のユダヤ人が短期間に殺されたのか?

まだ、ドイツやポーランドに大量虐殺のための絶滅収容所もつくられていない時期のことで、リトアニアがホロコーストの始まりだとも言われている。ホロコーストとは、第二次世界大戦中、ナチス・ドイツが組織的に行ったユダヤ人大量虐殺のことだが、銃殺して埋めただけではない。ドイツ軍の敗色が濃くなった一九四三年末からは、「虐殺の証拠を残してはならぬ」というヒトラーの命令で、穴に葬った死体を掘り出して焼き尽くし、灰を畑や原野にばらまいたという。

記録映画『ショア』にパネリアイの穴に埋められていたユダヤ人の死体を掘り出して焼いたモトケ・ザイドルとイツハク・ドィギンの証言がある。

最後の穴を掘り返したとき、私の家族全員の姿に気づいたのです。ママと姉妹です。私の姉妹は三人とも子どもたちと一緒でした。みんな、その穴にいたのです。

——どうやって、見分けられたんですか?

四か月の間、地中に埋められていたんですが、冬だったし、保存状態はかなりよかった。それで、顔かたちから、それに衣服からも、見分けられました。

——それが、最後の穴ということでしたね?

そうです。最後に掘ったのが、一番新しい穴だった。作業は一番古い穴から、つまり、初期に死体を埋めた穴から、始めたわけです。最初の穴には、死体が二万四千体ありました。底へと掘っていくにつれ、死体は平べったくなり、最後は、ぺちゃんこでした。死体を摑もうにも、ぼろぼろと、崩れてしまうのです。手でつかむのは不可能でした。それなのに、穴の掘り返し作業を始めるときに、道具の使用を禁止されました。「慣れなきゃだめだ。素手で、仕事をしろ！」とね。

——素手でだって！

そうです。初めのうちは、穴を掘り起こすたびに、こらえきれずに誰もが泣き崩れてしまったものです。けれど、そうすると、ドイツ兵が近づいてきて、死ぬほど殴りつけられる。二日間というもの、気も狂わんばかりの速いテンポで、働かせられました。殴られどおしで、しかも道具はつかえません。死者とか犠牲者という言葉は、使用禁止とドイツ兵から言い渡されました。まさしく丸太と同じで、何の役にも立たない、何の値打もないものだから、というわけです。死者だの犠牲者だのという言葉を口にすると、殴られました。ドイツ兵は、死体のことを《フィグーレン》とか《シュマッテス》つまり、木偶《でく》とかぼろ屑とか呼べと、強制したのです。

「ここには、九万体が埋められているが、どんな痕跡も、絶対残らないようにしなければならん」というのが、ヴィリニュスのゲシュタポ（ナチ時代の秘密国家警察）の責任者の話でした。

全部の死体を掘り出し終えるとすぐに燃料を注ぎかけ、火をつけました。死体の山は、たいてい七日から八日間も、燃え続けたものです。まるで《火刑台》のようでした。

ユダヤ人絶滅計画が進んだ背景

なぜ、このような事態に至ったのだろうか?

アーリア人種であるドイツ人だけで国家を形成していこうとするナチ党（国家社会主義ドイツ労働党）が、第一次世界大戦後の不況に喘ぐ民衆心理を巧みに利用しながら、勢力を伸ばしていった。

当時、ドイツは第一次世界大戦に敗れて巨額の賠償金を負わされ、経済は破綻していた。失業者が多く、非常に追い込まれた社会状況だった。一九二九年の世界恐慌前はわずか十七の国会議席を持つだけだったナチ党は、《アーリア人による国家形成》論で民衆に巧みに働きかけ、うまくいかない部分はユダヤ人のせいにしながら、一九三〇年の選挙で一躍一〇七議席をとり、三三年にナチ党首ヒトラーが首相に就任すると、「全権委任法」を強引に成立させ、ワイマール憲法の議会制民主主義を抹殺した。そして三五年、「ドイツ人の血と名誉を守るための法律（ニュルンベルク法）を制定して、ユダヤ人らの権利を剥奪し、ユダヤ人をスケープゴートにして第二次世界大戦へと突入した。ドイツ民族の優越性を強調し、民族の血を汚す存在と位置づけたユダヤ人、少数民族ロマ、同性愛者らの虐殺に国内と欧州占領全域でとりかかった。

その結果として六百万人とも一千万人とも言われる犠牲者を出してしまった。

「ユダヤ人絶滅」が戦前からの計画であり目的であったのか、戦争突入後の状況変化で発生したものであったのかは研究者によって意見が分かれている。そして、犠牲者数に様々な説があるのは、絶滅収容所に列車が到着すると、直後の選別で、なんら記録も残されないまま七〇－七五パーセントのユダヤ人が即刻ガス室に送り込まれたためだという。

虐殺に加担したリトアニア市民

第一次世界大戦後の独立で、リトアニアでも《リトアニア人によるリトアニア国家形成》を唱える民族主義者が増えた。ドイツ軍の侵略前には、市民の間で対立感情が高まり、降りかかった災難をユダヤ人のせいにして意図的に噂を広める反ユダヤ主義を煽る集団も出ていた。リトアニア行動戦線はその代表的な集団で、その宣伝文のひとつには、次のようなものもあった。

《リトアニア民族のイデオロギー的成熟のためには、反共主義的、反ユダヤ主義的な行動を強化すべきである。……ユダヤ人を片付けるのにこの機会を利用することもまた重要だ。ユダヤ人には誰一人として最小限の権利も生存の可能性もないと思わせるほど息苦しい環境を作らなければならない。我々の目的はアカのロシア人とともにユダヤ人も追い払うことである。……（ユダヤ人が）リトアニア民族を何度も圧政者に売り渡したために、ヴィータウタス大公によってユダヤ人に施されたもてなしは、これによって永遠に廃止となる。》

虐殺の対象となったユダヤ人

日本人にはなかなか理解しがたいが、キリスト教徒の反ユダヤ感情は根深いものがあるようだ。イエスがユダヤ人によって十字架にかけられたという説から、キリスト教信者は、ユダヤ人を《神殺し》だと考え、古代から中世にかけて、ユダヤ人は「神殺し」(イエス殺し)だという汚名を着せていた。

しかし、現代に至っては、ユダヤ人差別は、イエスを処刑したユダヤ人を憎むといった宗教的偏見よりも、教育水準が高く、経済、金融面での実力もあるユダヤ人に対して、移民に自国を乗っ取られたくないとの民族主義的な考えの方が強いのではないか。移住先の諸制度を巧みに利用しながら社会に進出するユダヤ移民への妬みと憎悪から差別や弾圧がおこなわれたのだろう。

ノーベル賞の二二パーセント、フィールズ賞の三〇パーセント、チェスの世界チャンピオンの五四パーセントがユダヤ人であるというデータがあるが、ユダヤ人はもっとも知的な民族集団の一つだと思える。カール・マルクス、ジークムント・フロイト、クロード・レヴィ＝ストロースなど、近現代の哲学・思想方面のキーパーソンを輩出しているほか、音楽界にもユダヤ人が多い。

ユダヤ人が優秀だと思われているからこそ、ヒトラーはキリスト教徒の長年の根強い反ユダヤ感情を利用して、ユダヤ人をスケープゴートにすることで国民をまとめることができたのだろう。《ユダヤ人》の定義は民族ではなく、ユダヤ教の信者であると言われながらも、ヒトラー政権は、両親、祖父母の内だれか一人でもユダヤ教徒がいれば、当人の信仰にかかわらず《ユダヤ人》だと定めて、抹殺に取りかかった。

「アンネの日記」と「マーシャの手記」

ユダヤ人迫害の悪夢のような体験を書き綴った子どもの日記や体験記は、いくつか残っている。「アンネの日記」は、一九二九年生まれのオランダの少女アンネ・フランクが、周囲のユダヤ人がどんどん収容所に連行される一九四二年七月から一九四四年八月までの間、隠れ家に潜んでいた時の日記だ。思春期のアンネが屋根裏部屋に閉じ込められて暮らさなければならなかった境遇を、感性豊かに綴っている。しかし、隠れ家を発見された後アウシュヴィッツ絶滅収容所などに送られ、結局チフスで亡くなったのだが、アンネは収容所での体験は書いてはいない。

「マーシャの手記」は、アンネとほぼ同じ年代の少女、一九二七年生まれのマーシャの実際に体験せざるを得なかったゲットーや収容所での記録だ。

マーシャは書いている。

〈生きることが苦しみだというのなら、私はもう長年生きている。生きることが喜びだというのなら、私はまだ生まれていない〉

2　ドイツ軍侵攻後のヴィリニュス

ドイツ軍に占領されたリトアニア市民は、ドイツ軍の侵攻をむしろ歓迎し、率先して集団でユダヤ人らを虐殺する事件が発生した。ナチス・ドイツ軍はこうした状況を利用して、リトアニア人の協力を得て即刻《ユダヤ人狩り》、特に《男狩り》に取りかかり、十月までに約八万人、そして年末までに約十七万五千人のユダヤ人を虐殺、このうちのおよそ十万人近くがパネリアイの森での犠牲者だった。虐殺の場はパネリアイの森だけではなく、近隣の森でも、またカウナスの第九要塞でも四万人以上、また、シャウレイやほかの町でも行われ、占領以前リトアニアにいた約二十一万人のユダヤ人のうち、十九万五千人近くが犠牲者となった。これらの大量虐殺が占領後の短期間に集中して実行されたのは、地元リトアニア人の強力な助けがあったからだろう。

年末までが殺害が集中した期間で、ユダヤ人のほかに、ロマ、共産主義活動家と疑われたもの、および精神障害者も対象とされていた。

戦後まで生き残ったユダヤ人の多くは、ドイツの侵攻直後にソ連側に脱出した人たちだった。リトアニアにおけるユダヤ人の虐殺率は、九五パーセントから九七パーセントとヨーロッパで最も高かった。これは、リトアニア社会のほとんどすべての階層が、ドイツ占領軍が行った虐殺に協力したことが主な原因だった。ユダヤ人は占領前のソ連体制を支援したと広く信じられていたため、反ユダヤ感情は、反ソビエト感情とも相まって強かったのだろう。

マーシャの決意

ドイツ軍侵攻後、ユダヤ人への差別があからさまになり、がらりと生活が変わった。ユダヤ人であるというだけで、市民としての権利はなくなり、人間としての権利まで奪われていく生活で、ファシズムの本当の恐ろしさを知ったマーシャは、自分が受けた仕打ちを正確に記録しておこうと決めた。

そして、教科書の中でしか知らなかった《銃殺》《ファシズム》《戦争》《占領》などの言葉が、実際にはどんなことを表す言葉だったのか、現実に受け止めなければならないことがどんなに恐ろしく、非人間的なことなのか、ファシズムの本性を伝えなくてはならないと考えた。

〈今、戦争やファシズムのない国や町の人たちは、多分この言葉が持つ本当の意味が分かっていないだろう。私もそうだった……。だからここで起こっていることをすべて日記に書き留めておこう。そして、もし生き残れたら、自分で話そう。そうでなかったら、ほかの人に読んでもらおう。知らせなければならない！　絶対に！〉

こう決意して、マーシャが記録し、記録できないときには頭に刻みつけた「マーシャの手記」から、彼女の体験を再現してみよう。

リトアニア市民によるユダヤ人集団虐殺

ドイツ軍が侵攻してくると、あたかも待ち構えていたように、リトアニア人が集団でユダヤ人を襲撃する事件が発生し始めた。

ある町のシナゴーグ（ユダヤ教の会堂）の庭でリトアニア人たちがたき火をはじめ、ラビ（ユダヤ教で礼拝儀式を司る人）や髭を生やしたユダヤ人の老人を追い立ててきて、たき火の周りにたたせた。そのあと、シナゴーグからモーゼの五書（ユダヤ教の経典）を持ち出し、五書をラビの震える手に持たせて、ラビの手で火に投げ込ませた。

たき火が大きく燃え上がった。全部を投げ込ませると、周囲で見物していたリトアニア人から歓声が上がった。

「服を脱がせろ！」

「踊らせろ！」

「歌わせろ！　カチューシャの歌がいい」

裸にされたユダヤ人たちは手をつなぎ、歌い、踊りながら、たき火の周りを何回も回った。リトアニア人は、彼らを散々踊らせてから、あごひげをむしり取り、たき火に投げ込んで、また踊らせた。

周囲では多くのリトアニア人が見ていたが、止めようとする人は一人もいなかった。

〈こんな恥知らずなことをするなんて！

こんなことが実際に起こるなんて！

人間をこんなにまで侮辱できるものなのかしら！〉

そしてまた、ある通りではユダヤ人がリトアニア人の集団に捕えられ、足を吊るされて殺された事件が起こった。ソ連領に逃げようとしたが途中で引き返してきたユダヤ人が、近くに住む人に密告されたのだ。逃げようとしただけで殺されたユダヤ人の話を聞いて、マーシャは不安だった。侵攻が始まった日、マーシャたちも町から逃げようとしながらアパートに戻ってきたからだ。アパートで見ていた人がいたかもしれない。だれかに密告されたら殺される、そう思うと怖くて、外にも出られなくなった。

〈アパートの管理人のおじさんは、私たちが逃げようとしたことを知っている……。パパの伝言もしてくれたし……。〉

不安を書きつけながらも、マーシャは、管理人のおじさんは密告をするような人ではない、いい人だから大丈夫と、一生懸命に不安を打ち消そうとした。

町では武装したパトロール隊が歩き回り、ユダヤ人の男性を見つけると、すぐ逮捕して、ルキシュク監獄に連行する。パトロール隊にドイツ兵がいることもあるが、リトアニア人だけのこともあった。《男狩り》が盛んに行われた。監獄からパネリアイの森に連れて行かれた……。だから、男性たちは怖がって外に出なくなった。

しかし、外に出かけなくても、夜、家に押しかけてきて、未成年者さえも連れて行かれた。

〈はじめ私たちは、パネリアイの労働収容所に連れて行かれるのだと思っていた。でも、パネリアイにはそんな収容所がないことを、もう、みんなが知っている。全員が、射殺されている!! あそこにあるのは、セメントで固められた穴だけ。殺されて、そこに投げ捨てられている。本当にこんなことが起こっているのかしら……。そんな恐ろしいこと！何のために、何のために、殺すの！

パネリアイで虐殺されたユダヤ人

世界では、戦争の捕虜でさえ殺してはいけないという規則があるのに、ファシストは、世界の規則などを全く無視している。〉

マーシャは、《男狩り》の話を聞くたびに、行方知らずの父の安否を気遣った。

〈パパがここにいなくて、よかったのかもしれない。パパはきっと向こうにいる……。前線で戦い、私たちを解放してくれるだろう。〉

マーシャの母はいつも「パパはソ連の赤軍に入隊して、前線で頑張り、きっと私たちを救い出してくれるわ」と、言っていた。

ヴィリニュスから百キロ西にある古都カウナスでも同様、ドイツ軍侵攻後、たちまち、市民によるユダヤ人の虐殺が始まった。カウナスには人口の二五パーセントを占める四万人のユダヤ人が暮らしていた。

侵攻後三日目、カウナスでナチス親衛隊の少将がユダヤ人虐殺をあおる演説を行うと、リトアニア人の集団はたちまちその夜から翌日にかけて、千人を超すユダヤ人を殺害し、さらにユダヤ教会に放火して千三百人を殺害した。この時の被害者を千五百人とする説や、周辺の都市の犠牲者と合わせて三千八百人とする説もあり、はっきりした人数は不明だが、この虐殺に関して、ナチス・ドイツ軍の報告書には、「先遣隊による行為の事実はうまく隠され、あたかも現地住民が自発的に行ったことであるかのように見せかけることに成功した」と書かれている。

リトアニア生まれのソリー・ガノール著『日本人に救われたユダヤ人の手記』（講談社刊）には次のようにある。

〈私はその日、カウナスを離れてスラボトケのゲットーに向かっていたが、市内はわりあい静かに思えた。おそらく、街路をドイツ軍の巡察隊がパトロールしていたせいであろう。私たちをリトアニア人から守るためにナチが出てくるなんて変なことになったものだ、と思わずにはいられなかった。リトアニア人は、私たちに罵声を浴びせてきた。「ユダヤのろくでなし、終わりは近いぞ！」、「キリスト殺しめ、地獄へ落ちろ！」と。橋のところまで来ると、ドイツ兵とリトアニア人の混成チームが警備にあたっていた。何を言い交わしているのかはよく分からないが、私たちを見る目の違いは分かる。ドイツ兵のほうは軽蔑か無関心、これに対し、リトアニア人は不機嫌で、目に憎しみがこもっている。〉

夜更けに斧や銃、ナイフで武装した大勢のリトアニア人が集団でユダヤ人の居住地区に押しかけて虐殺した。朝の光は無残な光景を照らし出した。男も女も子どもも四肢をばらばらにされ、家の中は壁も床も血だらけだった。酒に酔ったリトアニア人は、犠牲者の首でサッカーをしたとも伝えられている。リトアニア人によるユダヤ人攻撃が多少とも鎮まったのは、ドイツ人による民政・軍政が整備されてからのことである。

このように集団での虐殺をそそのかし、実行させたナチスの司令官は報告書の中で、「リトアニア警察隊の熱意は自分たちのものより上回る」と記している。

この惨劇は、後に《木曜日の迫害行動》として知られるようになった。

ユダヤ人を助けた人たち

しかし、そんな中でもユダヤ人の救出に尽力したリトアニア人もいた。数百人のリトアニア人がユダヤ人保護のために危険を冒したとされる。ユダヤ人救出のために危険を冒した七二三名のリトアニア人に対して、戦後、イスラエル政府から「諸国民の中の正義の人」の称号が与えられている。

マーシャの学校のイオナイチス先生は、それまでは特別に親しいわけでもなかったのマーシャの家族に身近な親戚のように相談にのり、話を聞き、援助までした。弁護士であるマーシャの父の《危険な》書類や、ユダヤの辞書、百科事典などを預かり、戦後まで保管した。

占領下のヴィリニュス

ドイツ当局はユダヤ人の管理方法として、ユダヤ人が大勢いる都市にユダヤ人評議会を創設して、ユダヤ人自身に管理させることを考えた。管理をユダヤ人自治組織にやらせれば、問題が起きたときに、怒りをドイツ当局にではなく、ユダヤ人自治組織に向かわせることにもなり、ドイツ当局にとっては好都合だった。

ヴィリニュスにも占領後《ユーデンラート》つまり《ユダヤ人評議会》を組織させた。ユダヤ人はこのユダヤ人評議会に管理され、ドイツ当局の命令を伝えられた。

〈つい最近、ユダヤ人の名士でユダヤ人評議会がつくられた。ドイツ将校に信頼されているらしいが、みんなが選んだわけではないので、偽の評議会だ。ただ、《評議会》と呼

ばれているだけ。〉

町には、ユダヤ人に対するドイツ当局の命令が、次々と貼り出された。

一、共産党員（コミュニスト）と青年共産同盟員（コムソモール）は必ず登録すること。また、登録していない共産党員や青年共産同盟員や国際革命戦士支援機関（モップル）のメンバーを知っている者は、即刻、ゲシュタポに通報すべし。

二、町では秩序と治安を保つこと。些細なことでも秩序違反や反抗をする者がいたら、今捕えている百人の人質全員を銃殺する。

三、ドイツ人と外国に住む移民ドイツ人以外は全員、ラジオを引き渡すべし。隠したり、ソ連や外国の放送を聞いた者は、死刑。

四、十センチ四方の白い布に黄色の丸、その中にユダヤ人の「J」を書くこと。ユダヤ人全員、大人も子どももこのマークを上着の胸と背中に縫いつけなければならない。

五、すべてのユダヤ人は現金、装飾品、金製品や他の貴金属を供出すること。ただし三〇マルク、つまり三〇〇ルーブリだけは残してよい。

六、新しいマークは、四角ではなく、白い腕章、真ん中に六角の星。腕章は左の腕にしなければならない。
七、コムソモール全員とユダヤ人は全員、退学。

次々と出される命令やその命令の度重なる変更について、マーシャは、〈前線に行きたくないファシストが、ここで必要な人間だと証明しようと、あれこれ考え出しているようだ〉と記している。

ドイツ兵はユダヤ人のアパートを回り、財産を調べてラジオ、タイプライターやめぼしい家具などを没収した。そして、ユダヤ人評議会を利用して、次々に要求を出してきた。
「ヴィリニュス在住のユダヤ人全員で五百万ルーブリの税金を明朝九時までに供出せよ」という命令が伝えられた。しかも、明日の九時までにドイツ軍に納めなければならない。五百万ルーブリに達しなかったら、九時半にユダヤ人全員の銃殺を始めるというのだった。現金だけではなく、金や銀、貴金属でもいいというので、みんなは大騒ぎで指輪やネックレスなどの貴金属を評議会に持ち込んだ。評議会は、「まだ足りない」と催促した。マーシャは心配で、不安でたまらなかった。〈足りなかったらどうなるの？　まだ、少ししか生きていないのに　もう、死ななくてはいけないの？〉

翌朝になっても五百万ルーブリにならなかったが、ドイツ当局へと運び込んだ。マーシャは、殺される時のことを想像した。みんなは心配で評議会に押しかけ、中庭で待っていた。

戻った委員は「ドイツ当局は受け取っただけで、きちんと数えもしなかった」と、報告した。マーシャは、いつ銃殺隊が襲ってくるか心配で仕方がなかった。

しかし、何も起こらなかった。結局、ドイツ軍はきちんと数えることもしなかったらしい。

侵攻からまだ一か月しか経っていないのに、暮らしはすっかり変わった。

ユダヤ人は星のマークをつけずに外出をしてはいけない。電車もバスも、ユダヤ人用と書かれた車両にしか乗れない。ほとんどのレストランやデパートには《ユダヤ人お断り》の貼り紙が貼られている。公園のベンチにまで《ユダヤ人お断り》の貼り紙が貼られて腰かけることもできなくなった。強制的に退学させられて、学校にも行けなくなった。

マーシャの十四歳の誕生日

七月二十一日はマーシャの十四歳の誕生日だった。戦争が始って一か月。当然ながら、今までのようにご馳走やケーキの並んだバースデイ・パーティは開けなかったが、それでも、テーブルにはお祝い用のテーブルクロスが掛けられた。マーシャは外出用の絹の空色のワンピースを着せてもらった。母、姉のミーラ、妹のラエチカ、弟のルービックがテーブルを囲んだ。父親のいない誕生日は初めてだった。ママは、「おめでとう」と言い、「長生きをしますように」と言うと、わっと泣き出した。〈いつも聞いていたこの普通のお祝いの言葉がどんなに重要な意味があるか、今まで考えたことがなかった……。〉

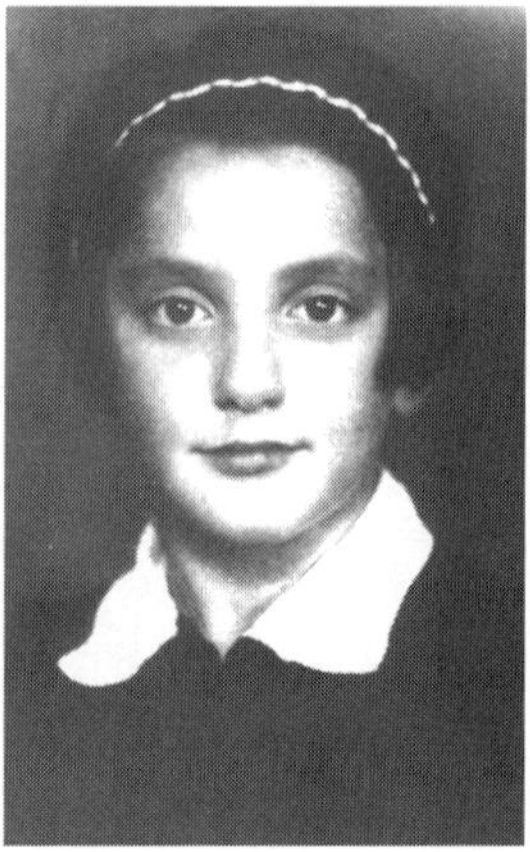

13歳のマーシャ（1940年）

マーシャは鏡で空色の絹のワンピース姿を見て、びっくりした。驚くほどきれいだ。そして、気がついた。ワンピースにユダヤ人のマークがついていないからだ。マーシャは鏡をもう一度見ると、なんとなく髪が伸びたような気がした。髪を切ったら、もっときれいになるだろうと思った。そう思った途端に、「ワンピースを隣のおばさんに見せてくる」と言い、小遣いを持って飛び出した。「そのワンピースにはマークがついていないのよ。外に出てはだめ」と慌てて呼ぶ母親の声を聞きながら、マーシャはそのまま外に出ると、床屋へと向かった。マークをつけずに、歩道を歩き始めた。途中で恐ろしくなった。ドイツ兵に気づかれたらどうしよう……。

床屋に飛び込み、椅子にすわると、鏡の中から床屋のおじさんが笑いかけていた。気づかれたらしい。ドイツ兵が入ってきたらどうしよう。言いつけられたらどうしよう……。

マーシャは母にひどく叱られた。

その夜、母は全部の服にマークを縫い付けてしまった。

3　ゲットーへ

ある晩、射撃音が轟いた。足音。ドイツ兵の声、「とまれ！」

突然、また、静寂を切り裂く悲鳴が起った。

マーシャはカーテンを細く開けて窓から通りを見下ろした。

ドイツ兵が、メシニャ通りから追い立ててきた人たちを整列させていた。毛布にくるんだ半分裸の子どもを抱いて泣いている女の人、包みやトランクの重みで背中をまるめている男性、大人の服にしがみついている子どもたちをドイツ兵が銃を構えて追い立てている。突然懐中電燈がつき恐怖の顔々が照らし出されたかと思うと、また消えた。見えるのは動いている影だけになる。人々が追い立てられて行く。また、静かになった。この夜に追い立てられたのは、メシニャ、アシュメノス、ディスノス、シャウリュ、ストラシューノなどの通りに住む住民全員だった。

〈私たちのユダヤ人街・ゲットーをつくっているという噂だ。いったいゲットーってな

に？　そこでどうやって暮らすのかしら？〉

ゲットーは、ユダヤ人を強制的に移住させるためにつくった街区である。

一九三九年以降、ナチス・ドイツがポーランド国内のユダヤ人を大きな都市の特定地域に移動させはじめ、一九四〇年十月には占領下最大のワルシャワ・ゲットーをつくった。その他多くのゲットーが一九四一年にかけてつくられ、ヨーロッパ各地のユダヤ人が東欧のゲットーに移送された。

リトアニアでは、一九四一年七月、十六か所にゲットーがつくられた。嵐のように吹き荒れていた《男狩り》や集団虐殺を生き残ったユダヤ人が、次々とゲットーに収容された。それでも収容人数をはるかに越えていたために、労働力が見込まれない者から《選別》されて連行、銃殺された。

小規模なゲットーは、大部分が一か月程で閉鎖された。ということは、ゲットーに収容されたユダヤ人たちがすぐに殺されたということだ。収容予定人数は、ヴィリニュス（ロシア語・ヴィルナ）・ゲットーに約二万人、カウナス（ロシア語・コヴノ）・ゲットーに一万七千五百人、シャウレイ（ロシア語・シャヴリ）・ゲットーに五百人で、予定収用可能の人数になるまで労働力の見込めない人たちから《選別》して殺された。

その後ゲットーは相次いで解体され、強制労働をさせるための収容所に送られる者と、殺すための収容所に送られる者とに分けられた。生き残る条件はいかに《労働力》として認められるかだった。そのころ、ナチス・ドイツ軍はユダヤ人の絶滅計画をまさに実行に移しつつあった。ドイツ軍の「最終的解決」（ヨーロッパ在住の全ユダヤ人の殺害計画）の実施のため、ドイツ軍は組織的にゲットーを次々に閉鎖し、解体していった。

ヴィリニュス・ゲットー

一九四一年八月ヴィリニュスに二つのゲットーが完成して、生き残っていたヴィリニュスのユダヤ人が隔離されることになった。

ある晩のこと、周囲の不気味な雰囲気を感じて、マーシャはイオナイチス先生に助けを求めに出かけた。しかし、先生が留守でなかなか帰らないうちに外出禁止の時間になり、先生の家に泊めてもらった。

その晩、マーシャの家族と同じ通りのユダヤ人は全員、アパートを追い出されて、ゲットーに収容された。

翌日、家族がゲットーに入れられたのを知ったマーシャは、先生が止めるのも聞かずに、自分からゲットーに入った。どうしても母といっしょにいたかった。だが、ヴィリニュスにつくられた二つのゲットーのどちらに家族が入れられたのかわからないまま、大混雑の中を第一ゲットーから第二ゲットーへと探しまわったが見つけられなかった。迷子の交換が行われ、再び第一ゲットーに移り、そこで、会えたのだった。マーシャは泣き、母も心配で眠れなかったと泣いた。

第一ゲットーは約七ヘクタールの街区で、町で働いている職人で労働証明書のある家族が収容され、第二ゲットーは約二ヘクタールの街区で、労働証明書のない家族用の街区だった。はじめは無差別に収容したので、その混雑ぶりは大変だった。まず、労働証明書のない人たちを第一ゲットーから第二ゲットーに強制的に移動させた。第二ゲットーに収容された人たちは、《労働できない者》として、順次パネリアイの森へと連行され、無条件に銃殺された。

居住環境

ゲットーの門の外側には、《注意！　ユダヤ人地区。伝染の危険あり。部外者の立ち入り禁止》と、大きな文字で書いて、掲げられた。

マーシャの家族は、最初ゲットーの門からもっとも近い、ルドニンク通り十六番地のアパートで暮らすことになった。部屋には以前の持ち主のベッドがあり、お年寄りと二人の子どもが寝ていた。マーシャたち四人は二つの窓の間の床で眠った。昼間、シーツを片づける。そうしないと通路がない。それでもみんなが床に寝られるわけではない。一人の女の人はテーブルの上で、もう一人は浴槽に寝た。台所にもほかの家族がいて、一世帯用のアパートに八家族が暮らしはじめた。初めは寝る場所の取り合いがあり、昼間でもその場を離れることができなかった。狭くて窮屈な暮らしで、赤ん坊もしばしば大声で泣き、そのたびに大人たちはイライラした。一時的だと楽観している人もいたが、諦めの気分が強くなり、我慢することに慣れてきた。

だんだん一時的という気持ちが消えてきた。ゲットーの生活に慣れて、自分の町のようになった。

支配体制

最初に、ドイツ軍によって、ゲットー内警察と新しい《ユダヤ人評議会》が組織された。ゲットーの日常的な運営は、ユダヤ人名士で組織されたユダヤ人評議会に任せられ、一応ユダヤ人の自治の形が整えられた。評議会は、ドイツ当局からの命令には一切逆らえなかったが、ゲットー内においては、警察業務、公衆衛生、福祉、食糧調達、仕事の斡旋、福祉、水道、光熱といったサービスの提供を可能な限り行い、一定の政治権力を行使した。

ドイツ当局の命令に逆らえない点ではすべてのユダヤ人評議会は共通していたが、ゲットー内における評議会の権力は町によってかなり違った。

第一ゲットーのユダヤ人評議会の最初の会長はA・フリッドで、司令部はルドニンク通り六番地の元・実科中学校

ここからゲットーとして隔離されていた

に置かれた。

また、ドイツ軍は、ゲットー内の秩序の維持にあたる任務の《ゲットー警察》を組織して、警官の希望者を募った。驚いたことに大勢の希望者がいて、威張ることが好きな人たちが、腕章をつけて巡回をはじめた。ゲットー警察の司令部はユダヤ人評議会の司令部と同じ元・実科中学校におかれ、リゴニネスとストラシューノ通りに地区警察署が開設された。

警察署長になったのは、元スメトナ軍隊の将校で、カウナス監獄で働いていたというユダヤ人のヤコフ・ゲンサスだった。

ユダヤ人評議会とゲットー警察は、ヒトラー権力の命令を実行させた。

1　すべての現金と貴重品を引き渡すこと（ゲットーに入る前に何回もやっていた）。手元に残していいのは三百ルーブリのみ。

2　外出は十九時まで。それ以後は《警察の時間》、つまり、外出禁止時間である。

3　今までの職場で働き続けること。ただし、一人で町に出るのは禁止。職人は全員集合して整列して出かけ、作業班として行動すること。帰りも全員一緒のこと。

4　ゲットー内でも外でもユダヤ人のマークをつけずに歩くことは厳禁――マークは黄色の星。星の端を服の前と後ろにしっかり縫いつけること。

5　要望、相談があっても市の当局に直接行くことは禁止、どんなことでもゲットー警察の司令部を通じて解決すること。

そのほか、《ユダヤ人は子どもを産んではいけない》《一夫婦に子どもは二人まで》という命令もあり、三人目の子どもが連れ去られたこともあった。ユダヤ人は子どもでもヒトラーにとっては敵なのだ。全員が《ヨーロッパから浄化》されなければならない運命を背負っている。

また、占領軍の命令で、ゲットーに《アルバイツアムト》、つまり《労働部》が開かれ、働ける人は全員登録しなければならなかった。町の雇用者はゲットーの職人が必要になると、ドイツ軍の《労働部》に出向き、そこから要望がゲットー《労働部》に伝えられ、作業班が揃えられることになった。

働いている人は《労働証明書》がもらえた。それには、姓名、家族の名前、職場の欄があり、町の雇主は《労働部》の許可なしにユダヤ人に他の仕事をさせてはいけないとも書かれていた。

マーシャの母は器用で縫物ができたので、縫製作業所の仕事に就くことができた。

パンの配給券が配布されたが、券でもらえるのは非常に少量なため、町で服などと交換して、隠して持ち帰る人が多かった。ドイツ警察代表部のフランツ・ムレルがこれを知り、《ゲットーに食糧や薪を持ち込むことは厳禁》という命令を出した。

ゲットーの門では、町の警官一人とゲットーの警官数人が荷物検査を行い、パンを持っていたら没収し、違反者は留置所に一晩入れられ、翌朝、留置所から仕事に行かされた。だが、ひどい時には占領軍に引き渡されたり、ドイツ将校にその場で銃殺されることもあった。つまり、ゲットーに一枚のパン切れを持ち込むために命を賭けなければならなかった。それでも、食料を持ち込まないわけにはいかなかった。

選別

前述のとおり、無差別に収容されたユダヤ人はまず、労働証明書を持っている家族と持っていない家族に分けられた。

持っている家族は第一ゲットーへ、持っていない家族は第二ゲットーへ。第二ゲットー送りになれば、すなわち、労働できない人、ドイツ軍にとって必要のない人として、すぐにパネリアイの森に連れ出されて、銃殺される。

労働証明書のある人、ない人の選別を終えると、次は労働証明書のある人を、専門職とそうでない人に分け、専門職の証明書には特別なスタンプを押し、スタンプのない家族を第二ゲットーへと移動させた。ゲットー警察が走り回って、証明書を調べて、スタンプのない家族を見つけ出して移動させた。

夜、兵隊の重い長靴の音で、マーシャが目を覚ました。覗くと、門のところにドイツ兵の大隊がいた。「回れ右」の命令が聞こえ、隊長が「第二ゲットーへ行け」と叫んだ。

第二ゲットーでこれから起こることを想像すると眠れなかった。

一方ヴィリニュスの《カイリス工場》の労働者は、工場の近くにつくった特別ブロックに移された。柵で囲まれてはいるが、工場長が「ここの職人には、手出しをさせない」と、請け合った。

専門職でない家族を全員第二ゲットーに送り出すと、ゲンサスは残った人たちに、「ここには専門の職人しかいないから、もう大丈夫だ」と太鼓判を押した。

しかし、誰も信じなかった。ドイツ軍は、いつまた、条件を変えるかわからない。

悲しいことに、予想は当たり、次に出された条件は、さらに特別に優秀な職人に発行する《熟練工》用の黄色い証明書を持っている家族だった。この黄色の《熟練工》用の証明書は、専門職九千人中三千枚しか発行されず、《ユダヤ評議会》とゲットー警察の関係者用が四百枚だから、実際に工場で働いている職人は、四分の一しかもらえなかった。

でも、マーシャの母は、もらえた。縫製工場では二百三十人のうち八十人だけだった。姉のミーラももらえた。ミーラはもう十七歳になり、働いていた。

ある日、黄色の証明書を持っている人は、「家族と一緒に、明朝早く、ゲットーを出ること。ゲットーに帰るのは翌日の夜」と、命じられた。

今度は、証明書のない家族だけがゲットーに残され、残された人たち全員をパネリアイに連行しようというのだ。マーシャたちと一緒に暮らしていた家族で、証明書がもらえなかった赤ちゃんのいる家族がいた。

その夜、ゲットーを出たマーシャは、ゲットーで起こっていることを想像して、眠れなかった。翌日ゲットーに戻るとすぐに、アパートの中につくった隠れ場を覗いた。大きな戸棚の裏につくった隠れ場には、洋服や布切れなどが散らばっているだけで、誰もいなかった……。

〈やっぱりあの赤ちゃんが泣いたのだろう。〉

隠れ場が見つかる一番多い原因が、赤ん坊の泣き声だ。すでに多くの人たちが子どもの泣き声で隠れ場が見つかっていた。

国内のゲットーが次々に閉鎖されていた。郊外のゲットーでは約三千人が銃殺された。さらにまた三千人……。

あるとき、ゲットーに逃げ込んできた人の話から恐ろしい事実が伝えられた。「閉鎖するからカウナスに移動」と言われて、出発した。

いろいろなうわさを聞いていたから、初めは不安だった。でも列車はパネリアイの森を通過、野原、森、駅、小さな駅をつぎつぎと通り過ぎた。

みんなの不安がだんだん消えて、カウナスでの暮らしを想像しはじめた。なんとなくこれまでの暮らしよりもよくなりそうな気がした。

急に、列車が逆に走り出した。野原、駅、森だ！　列車が止まった。貨車の扉が開くと、線路沿いに犬を連れたり銃を持ったりしたドイツ兵が並んでいた。

みんなは狂ったように叫び、入口に座っていた護送兵を突き落として飛び下り、四方へ走り出した。護送兵が銃で撃ちはじめた。森の奥の穴のところで待機していた死刑執行人が駆けつけてきた。それでもみんな、車両から飛び降りて、走って逃げた。老人、女、子ども……。撃たれて倒れる人、兵士に襲いかかる人、銃を奪おうとして撃たれる人もいた。撃たれた人は苦痛に呻き、助けを求め、恐ろしさと痛さに気が動顛して、殺してくれと頼む人もいた。道や野原や溝を逃げまわる人たちを追いかける兵士もいた。

ある兵士が機関士に「列車を走らせろ」と命じた。機関士は大急ぎで列車を走らせた。線路を逃げていた人が次々と轢かれた。逃げまわる人を兵士が穴へと追い立てた。森では、また銃の音が響き渡った……。

道は死体でいっぱいだった。溝の中も、野原にも、線路上にも……。ほんの少し前まで生きていた男性、女性、子どもたち……。死刑執行兵が死体の間を歩き回っている。蹴飛ばし、銃床でなぐり、死体をひっくり返した。まだ生きていると疑って死者のお腹に銃剣を刺す兵もいた。ポケットや捨てられた包みを探り、急いで懐に突っ込む兵もいた。

警備隊だけが残った。死体を始末しなければならない……。

〈ほんの少し前まで生きていた人たち……。〉

警備隊だけでは死体を片付けられずに、次の朝、ゲットーの警察官が死体処理に狩り出された。警官たちはみんな取り乱していた。死体を運ぶのが嫌だというだけではなく、ファシストが自分の犯行の目撃者を残したがらないのを知っていたからだった。

警官は厳重に警備されて連れて行かれた。

夜遅く、警官たちはゲットーに戻された。だが、全員が死人同然で、口もきけなかった。

ある朝、第一ゲットーの門の近くで第二ゲットーから這って逃げて来た女性が倒れていた。路上で子どもを産み、逃げ切れずに死んだらしい。でも、元気に泣いていた生まれたばかりの女の子はゲットーに運び込まれ、ゲットーチカという名前がつけられた。

第二ゲットーは完全に閉鎖されたらしい。そこには約九千人がいたはずだ。

ゲットーが次々に閉鎖された。そこにいた人たちはどこに連れて行かれたのだろうか。

生き残った人が誰かに話さない限り、だれも何も知らないこと、何も起こらなかったことになってしまう。

後半のゲットー生活

第二ゲットーの閉鎖で激しいユダヤ人狩りは行われなくなったが、しばらくは第一ヴィリニュス・ゲットーの人口を一万二千人までに抑えるために《選別》が続いた。年末までにユダヤ人の三分の二が殺された。一九四二年初頭から一九四三年夏まではゲットーの人口に大きな変化はなかった。初めのゲットー責任者はナチス・ドイツ軍のフランツ・ムーラで非常に残酷だったが、四三年に交代したキーテルはさらに残酷だった。

ヴィリニュス第一ゲットーでは、その後は餓死者や病死者がとても少なかった。

一九四二年の新年にゲットー内の地下組織が貼り紙をした。

「ユダヤ人よ、羊のようにおとなしく殺されるな！」、「ヒトラーはヨーロッパ中のユダヤ人を殺そうとしている」。「ユダヤ人よ！　最後の瞬間まで自らを守れ！」とアピールが書いてあった。

当時のゲットーの地下組織「青年衛兵」の指導者は、アバ・コヴネルだ。

ゲットー内で活動している人たちがいることを知って、マーシャは喜び、他の人たちとアピールの言葉を繰り返した。

しかし、ヒトラーが新年のラジオ演説で、「来年までに、ユダヤ人は博物館か案山子だけでしか見られなくなるだろう」と言った。

〈ヒトラーが負けなければ、この脅しを実行するだろう……。今年が最後の年になるかもしれないと思うと怖ろしい。〉

いろいろな催しも企画され、コンサートの貼り紙の隣には、《墓場では歌わない！》《コンサートを聞くより、ドイツ人をどうやってやっつけるかを考えた方がいい！》などという開催に反対する地下組織の紙も貼られた。

ヴィリニュスのゲットーを描いた映画『ヒトラーの旋律』では、選ばれた十一歳の少年がつくった歌を子どもたちの聖歌隊が歌っていた。

眠りなさい小さな花よ　お前の嘆きを聞かせないように

墓の数は刻々と増え　空を埋め尽くしていく
お前の父親が逝ってしまってから　世界は黒をまとっている
たくさんの道がパネリアイへと続くが　帰り道はどこにもない
看守がいなくなるまで　音をたててはいけない
明日になるまで笑ってはいけない
今日は泣いてはいけない　すべての花は再び咲き誇るだろう
天は寛容さで　あなたを包むだろうか？

ゲットー内の管理体制は非常に貧弱で過酷でありながらも少しは機能していた。仕事には賃金が支払われた。男性は一日に一マルク二〇ペニヒ、女性は一マルクで、十六歳までの未成年者は八〇ペニヒという低賃金だが、それも全額をもらえるわけではない。一〇パーセントは税金部に徴収され、税金支払済みの印がなければ、パンの配給券がもらえず、さらに一〇パーセントを評議会の《冬の相互援助》委員会に支払わなければならなかった。

食糧部は、アパートの管理人を通じてパンの配給券を配り、搬入された食料を店に分配し、その引き渡しを点検した。配給券でもらえる食料はごくわずかで、パンが一日一二五グラム、他の食糧は、一週間分で引き割り穀物八〇グラム、砂糖五〇グラム、ヒマワリ油五〇グラムと塩三〇グラム。それももらえないことがあった。

住宅管理部は、アパートの各部屋に何家族住まわせるかや、《選別》の手入れの後で《広く》なった部屋に移す家族を決めた。修理班もあるが、特定の人しかやってもらえず、技術部、財政部、職人部、登録部などもあった。

特徴的なのは、葬式部があることだ。人が死ぬのは銃殺だけではない。病気や栄養失調で亡くなると、市の当局がゲットーに屋根つきの霊柩車とやせ馬を差し向けて、死体を運ぶ。この葬式は夜明け前に行わなければならなかった。

〈毎朝夜明け前に、ゲットーには悲しい行列ができる。黒い霊柩車とそれに付き添うごく少数の人たちだ。門まで送っていく。肉親が別れを告げる。泣く人も、叫ぶ人もいる。門が開き、霊柩車をのみこみ、また閉じる。まだ明けやらぬ舗装道路に馬の蹄鉄の音が響くが、それで終わり……。すぐに死者は墓地に運ばれて行く。町が目覚めるまでに終わら

せなければならない。〉

また子どもに関しては、住民はかなり配慮をしていた。孤児のための寄宿舎も学校もつくり、年齢別に分けて勉強を教えた。大きい子には、ゲットー内の作業所や特別な運送作業班で働かせたりした。学校は、ドイツ兵が突然やって来ても、すぐに見つけられないように門から離れた場所にして、先生たちが机や椅子を持ち込み、黒板も見つけた。教科書はなかったが、先生が教え、子どもたちに毎日十二時に食堂でスープを出した。子どもたちはこの瞬間を待ちこがれていた。

マーシャも働きはじめた。初めてゲットーを出たとき、町には大勢のドイツ兵がいるのに驚きながらも、狭くて汚いゲットーに比べて、広くてきれいで明るい街の景色に感動した。だが、フランス語のバカイチス先生の姿を見かけても、声をかけることはできなかった。車道を並んで歩かされているユダヤ人から挨拶されたら先生に迷惑がかかるかもしれない。気づかない振りをして通り過ぎた。

あるとき、百人以上の年寄りや病人が、「サナトリウムで二週間休養させる」と連れ出されたことがあった。きっとパネリアイに連れて行かれるのだろうと不安だったが、予想に反して老人たちは本当に《休息の家》に送り届けられた。二週間が過ぎ、迎えに行った。年寄りたちはみな健康そうになっていたが、帰り道はゲットーではなくパネリアイの森に直行したのだった。なんのために《休息の家》に連れて行ったのか？

「ファシストがだれかをごまかそうとしていることだけは明らか」とマーシャは書いているが、実際には、国際赤十字の視察があったのがその理由だったらしい。

マーシャは、同じ仕事をしている友だちから合唱団に誘われた。指導者はドゥルマシュキン。ゲットー内には合唱団も交響楽団もあって、毎週練習をしていた。職業を音楽家と名乗った人たちは、労働力にならない人としてすでにパネリアイに連行されてしまい、職業を偽って逃れた人たちも、労働のために指は荒れ、動かなくなっていた。その上、十二時間の重労働後にバイオリンを持つのは大変だった。演奏したくても楽器のない人もいた。パンと取り換えてしまった人もいて、ほんの少ししか楽器がなかった。それでも練習をしていた。

〈人は困難な時ほど情熱が燃えるらしい。〉

合唱団と交響楽団とで合同演奏をすることになった。ベートーヴェンの第九交響曲で、第四楽章のシラーの「歓喜」の詩だった。歌詞は《すべての人々は兄弟だ》という内容だと、ドゥルマシュキンが説明した。

〈《人々はみな兄弟》、まったくその通りだと思う……。ただ、ヒトラー主義者だけがそう考えていないのが、残念だ……。〉

ある日、町で母のブラウスと小麦粉を交換し、下着に念入りに隠したが、その日の検査は非常に厳しく、小麦は没収され、マーシャは留置所に入れられた。しかし、幸運なことに、一晩入れられただけですんだ。マーシャは幸運を感謝した。その場で銃殺されることもあるし、その日にパネリアイに連行する人の《選別》があったら真っ先に選ばれていただろう。選別は留置所にいる人から始めるのだ。

〈今日は私の人生の最後の日となっていたかもしれない。

せめて一日だけでもいいから、殺される恐怖を感じずに暮したい！〉

一九四三年になって戦況が変わってきた。

〈ドイツ軍が服喪を宣言した！　三日間、劇場、映画、レストランや他の娯楽施設を閉めなければならない。スターリングラードの攻防戦で敗れたドイツ軍の師団を悼んでいる。〉

翌年にはレニングラードの封鎖も破られた。

〈踊りたい気分！　でも、まだまだヴィリニュスからは遠い。〉

ドイツ軍の劣勢ぶりが次々と伝わるようになった。それと比例して、ドイツ兵の残酷さが増している。

町での仕事がだんだんなくなってきた。

ある日、銃殺された人たちの服を積んだトラックが数台ゲットーにやってきた。銃殺される前に裸にされるということを、もうみんなは知っているし、パネリアイから服が運び出されていることも、もうニュースではない。でも、今まで森から服がゲットーに運ばれたことはなかった。服を積みかえた荷馬車が狭い舗道を進むと、服がまるで生きているように、ゆれた。

〈ぶら下がっている袖に手を通していた人はさっきまで生きていたのに。でもその手はもう動かない……。子どもの服……これを着ていた子どもは何歳だったのか。帽子も……切り落とされた頭にかぶっていたのだろう。帽子がずれた……。その下から靴が見えた……。泣き、喚き、心がズタズタにされて、叫びたい。だって、昨日は、まだつい昨日まではこの服の下で心臓が動き、温かい体で呼吸をしていたのに！　まだ昨日は人間だったのに！　今日はもういない！　殺された！　わかりますか、殺されたんです！〉

しかし、ゲンサスがゲットー内に広い仕事場をつくり、「働きたい人全員に仕事がある。血や汚れをきれいにして繕って、再生させるのだ」と、働く人を募集すると、マーシャも働き始めた。

ゲットーでは住民の名簿をつくりはじめた。女性と男性は別々に登録、《パスポート》に番号が付けられた。女性は男性よりも数千人多い。まだ前線は遠そうだが、撤退の準備かもしれないといううわさが広まった。

ドイツ警察のムレルも残酷だったが、代わって代表に就任したキーテル将校はけた外れに残虐だった。

ゲットーを逃げ出して、町や森に潜んでいるパルチザンと合流する人が出はじめた。日を追って、逃亡者が増えた。ある日、キーテルはみんなを集めて、「班のメンバーをきちんと管理できなかったから、作業班の班長十一人と彼らの家族三十二人をパネリアイで射殺した」と報告し、「パルチザンのところに逃げた者がいたら、その班長と家族を射殺すると警告していたではないか。今後はその班員と家族も全員も射殺する」と通告した。殺された班長たちは、ムレルに優遇され、大事にされていていた人たちだった。

それでもいいニュースが増えてきた。

〈オリョールやベルゴロドが解放された！　モスクワでは祝砲を打ったそうだ。もういくつの町が解放されたことだろう！　でも、前線はまだまだヴィリニュスから遠く、ここに来るのは半年以上先だろうと言われている。あと六か月か……。ひょっとして、もっと後かもしれない。〉

いいニュースと比例して、キーテルの残酷さが酷くなってきた。

ケンスク泥炭採掘収容所の閉鎖

キーテルがケンスク泥炭採掘収容所に出かけた。上機嫌で、取り巻きを引き連れ、巻煙草やフルーツキャンディの贈り物を配り、よく働く人たちに分けるようにと言った。フルーツキャンディは子どもたちにと。収容所の仕事場を見学した。理髪店があるかと聞き、髭を剃らせた。

収容所長や職人たちはキーテルの訪問の目的がさっぱりわからず、戸惑うばかりだった。「ドイツ兵がユダヤ人の作業場に、お土産まで持って来るからには、ドイツ軍もかなりきついのだろう」と冗談にしようとする人たちもいたが、多くの人たちは、不安と疑いの念で見守っていた。もしかして、お土産のフルーツキャンディで毒殺されるかもしれない？

でも、キーテルは機嫌よく話を進め、収容所の将来に関する質問に、とても希望の持てる返事をして、歩きまわり、上機嫌だった。そのあと、演説をするから職人全員を倉庫に集めるように命じた。

演説が始まった。

「よく働くように。ただしパルチザンとは絶対に連絡を取らないこと。ドイツ政権は、労働力が必要なので、ユダヤ人を全滅しようなどとは考えていない。働けば、生きられる！」と。

話し終えるとキーテルはドアに向かって、笛で合図をした。すると、ドアがさっと開き、兵隊が入ってきてキーテルを取り囲み外に出し、自分たちも出ると、ドアを閉めた。みんなはおどろき、叫び、壁やドアを叩きだした。パニックになった。

みんながドアに突進した。みんなが叫び、押しあった。なだめようとする人もいれば、パニックに陥らないよう、恐怖を見せないようにとさとす人たちもいた。何かの間違いだろう。ほんの一時だけ隔離されているのかもしれない。この間に、家族を連れ出して、収容所には職人だけを残すつもりかもしれない……。しかし、騒ぎはさらに大きくなり、叫び、呻き、脅し、哀願した。巨大な戸を壊そうとしたり、壁に穴を開けようとした。でも、無駄だった。壁は頑丈でびくともしなかった。外から何やらドイツ兵の笑い声が聞こえてきた。

突然、ドアの隙間から煙が入り込んできた。火事だ!! 叫び声がうめき声に変わった。力を振り絞って叩いた。窓枠によじ登り、屋根からの出口をみつけようとした。

煙が充満してきた。火の手が上がり、炎はますます大きくなってきた。端の人たちは炎から逃げようと後ずさりし、真ん中へと押し寄せて行った。全員がびっしりと押し合っていて、逃げ場がなくなった。服、髪が燃えだした。熱さに驚いてまだ火の手のまわってない真ん中へと飛び込んだ。火が移って、他の人たちが燃えだした。お互いに火を消しあおうとしながら、意識を失って倒れ、その上に、他の人たちが倒れた。炎はますます激しくなり、全員を飲み込んでいった。灼熱の中に閉じ込めていった。

突然、バラックの方から女性たちの叫び声、助けを求める声が聞こえてきた。女性も、子どもたちもみんな、焼かれていた!!!

屋根が崩れ、壁が倒れた。炎が人々と丸太を包み、大きな焚火となって燃えていた……。

一方、キーテルは取り巻きと一緒に近くの高台に立ち、その様子を愉しんでいた……。

見飽きると、車に乗り、立ち去った。「炎が近くの森に移らないように見張っていろ、焚火が燃え尽きるまでそこから去るな」と兵士たちに命じて。

火は長い間燃えていた……。燃え尽きてから、兵士たちは焼けて砕けた骨と灰を混ぜて野原にばらまいた……。

兵隊が去ったあと、一帯は風が支配するところとなった。風が灰をかき交ぜ、飛ばし、吹き上げた……。

助かったのは出かけていた二人だけ。ドイツ兵が準備をしているのに気付いて、逃げ出し、橋の下の下水管に身を潜め、全員が引き揚げるまで隠れていた。そのあと、ゲットーに忍び込んで来て、すべてを話したのだった。

〈キーテルがケンスク泥炭採掘収容所の全員を焼き殺した。キーテルは人間ではない。人間ならあんなにむごく残酷になれるはずがない！〉

キーテルはレシスク泥炭採掘収容所も同じように《整理》した。

パルチザンとファシストの戦闘のあと、森で帽子が見つけられた。その裏地にレシスク泥炭収容所の名前の証明書が押し込まれて隠してあった。

この収容所もキーテルが完全に消し去ったのだった。全員を銃殺して、その場に埋めた……。

〈ゲットーは今、すべてのネジが外された古い車に似ている。ちょっとでも触れられたら、壊れてしまうだろう。〉

ゲンサスは、いつも「ゲットー内にパルチザンがいることを知られたら、即刻爆破される」と言っていたが、恐れていたことが現実となった。ゲシュタポに、ゲットー内に統一パルチザン組織があることを突き止められ、パルチザン活動が暴かれた。

ゲシュタポから「もし明朝九時までに、隊長のヴィテンベルグを差し出さないときは、十時にゲットー全滅作戦を開始する」との通告が出された。ゲットー警察は直ちに全力を挙げて捜索して、ヴィテンベルグを逮捕した。ところが、ヴィテンベルグが緊急連絡を取り合ったパルチザンに取り戻されてしまった。

ゲンサスは激怒して、「ヴィテンベルグを差し出さなければ、ゲットーを爆破して、全員を殺す」と最後通告をした。パルチザン仲間は、出頭してもしなくても同じだからと、拒否することを決めた。しかし、ヴィテンベルグは、二万人のゲットー住民を見殺しにしたくないと、自ら出頭したのだった。

このことを知ったマーシャは書いている。

〈私がこれからどれだけ生きられるかわからないけど、今日生きられたのはヴィテンベルグのお陰。今日彼は私を救ってくれた。私だけでなく、ママ、ミーラ、妹、弟たち、そして数千の母と子どもたちを……〉

ヴィリニュス・ゲットーでは、シオニスト青年運動家、共産主義者などが結合してゲットーの地下組織「統一パルチザン機構」をつくった。共産党古参闘士ヴィテンベルグがリーダーで、一九四三年夏までに統一パルチザンには四百人のメンバーがいた。ゲットー警察署長のゲンサスは、地下組織と連絡を保ち「時期が来れば、私自身が蜂起の指揮を執る」と約束し、ドイツ当局には、ゲットーには地下組織はないと請け負っていたが、抵抗運動が表面化して、ドイツ当局に殺された。このときゲンサスは、ユダヤ人評議会の責任者でもあった。

自治機関ユダヤ人評議会が実質的にはドイツ当局の指令を実行に移すためだけの組織であったことから、戦後「ユダヤ人絶滅プロセスに加担して、ユダヤ人を裏切った組織」だったとも指摘されている。しかし、自民族の根絶を目的に行動していたわけではなく、あくまで少しでも多くのユダヤ人を救うために、ナチスに協力せざるを得なかったのだという評価もある。

ゲンサスは、ユダヤ人を少しでも多く救うためには、犠牲はやむを得ないと考え、「我々の任務は、若くて力のあるユダヤ人を少しでも多く救うことだ。ゲットー警察官としては可能な限り個人的感情は無視すべし。服従だけがパネリアイを逃れる方法、絶対に抵抗しないように」とゲットーの警官に説得していた。

ゲットー運営に大きな権利を与えられていたゲンサスは、様々な特権も与えられていた。星のマークをつけずに町や歩道を歩くこと、妻と娘のいるアパートに泊まることもできた。妻はリトアニア人だが、娘はユダヤ人との混血でゲットーで暮らさなければならないのに、町で暮すことを許されていた。

ユダヤ人絶滅作戦という激流の中で、ゲンサスの行動をどう評価すればいいのだろうか。徹底して抵抗すべきだったのか。

第一ゲットーの閉鎖

ドイツ将校がユダヤ人評議会の中庭に住民全員を集めて、「二年前にここにきたユダヤ人全員を労働収容所に移動する。エストニアに行くグループと、リトアニアのシュウリヤ近くの別の収容所に行くグループにわかれる。一日で完全撤退をすること。各自持てるだけのものを持ってよい」と、宣告した。

撤退が始まった。

両側に銃を構えたり犬を連れたりしたドイツ兵がずらりと並んだエトマンスカ通りを大勢のユダヤ人が歩いていく。雨が降り出し、しかも荷物を持っているので早くは進めない。ボリショイ通りを横切り、スパチャウス通りに曲がる。スパチャウス通りを行き、ラス通りの手前で止まった。男性はそこに残され、女性と子どもたちはカトリック寺院の庭へと追い込まれた。雨の降る窪地で夜を過ごさなければならない。周囲の建物の屋根の上にも銃を構えた見張り兵がいた。

ときどき警備のために照明弾が打ち上げられた。

ヘルービックが目を覚ました。目を大きく開き、驚いて見まわし、深いため息をついた。ちっとも子どもらしくない溜息だ。

ラエチカは眠っていない。パネリアイに連れて行かれるの？　どうやって？　歩いて？　トラックで？　でも、もしかしたらどこかの収容所？　ママはシャウレイとエストニアとどっちの方がいい？　撃たれたら痛い？　などなどとひっきりなしに聞いて、ママを困らせている。ママは泣きながらなんとか答えている。

ママはさらにすすり泣く。「こんな子どもを犠牲にするなんて、こんな子どもたちを！」と。

夜がひどくのろのろと進んでいる……。

やっと夜が明けて、動き始めた。歩き出したがさっぱり進まない。門が閉まっていて、脇の木戸から一人ずつ通している。ママが、はぐれないようにと心配して、私に一番先に行きなさいと言った。私の次はルービック、その次がラエチカ、最後がママ。そうすれば、ママにはみんなが見える。木戸を出た。兵士が私をつかんで脇へと押しやった。トラックのない方へ。振り返ったけど、ママが見えない。探した。道をふさぐように兵隊が並び、そのうしろにもう一列兵隊が並んでいて、その先の大勢の人たちの中にママがいた。兵隊に駆け寄って向こうへ行かせて、と頼んだ。知らないうちにママと離されてしまったと説明する。あれが私のママで、一緒になりたい、と。

懸命に頼むけど、兵士は聞こうともしない。木戸から出てきた女性を向こうとこちらへと分けている。ほとんど人たちが向こうの大勢の方に押しやられる。

突然、ママの声が聞こえた。

「こっちに来てはだめよ」と叫んでいる。そして、兵士に、「あの子はまだ若くてよく働けるから、来させないで」と頼んでいる……。本当のことを知るのが怖くて、力いっぱい叫ぶ。

「それなら、ママがこっちに来て。こっちに来て、ママ！」と。でもママは頭を振って、変にかすれた声で「マーシャ、生きるのよ！　どんなことがあっても、あなただけでも生きて！　生き抜いて、妹や弟たちの復讐をしてね！」と叫んだ。それから、ママは身を屈めてラエチカとルービックを一人ずつ重そうに抱き上げて私に見せた。ルービックはとても不思議そうな目でこっちを見て……。小さく手を振った……。でもみんなに押しのけられ、それきり見えなくなってしまった。

一生懸命見まわしたけど、もうママたちはどこにも見えなかった。〉

ドイツ軍の戦況はますます悪化して、一九四三年八月から九月初頭、全ドイツ親衛隊指導者ハインリヒ・ヒムラーは「労働できるユダヤ人は強制労働収容所へ移送し、それ以外の者は全て殺害せよ」と命令を出し、この命令に基づき、ヴィリニュス・ゲットーは、一九四三年九月に閉鎖された。カウナスとシャウレイのゲットーの閉鎖は一九四四年七月だった。

ヴィリニュス・ゲットーのマーシャたち《労働できる娘たち》千七百人はラトヴィアの強制労働収容所へ移送された。

母、妹、弟など労働できない者たちがどこへ連行されたか、定かでない。パネリアイですぐに銃殺されたか、アウシュヴィッツやほかの絶滅収容所か。また、ポーランドのソビボル強制収容所の記録には、ヴィリニュスから五千人収容という記録が残っているから、ソビボル強制収容所だったのかもしれない。

ゲットー内に隠れていた約千人のユダヤ人は、次々に発見、逮捕された。抵抗組織の生き残りは森へ逃れてパルチザン部隊に合流した者もいた。また、マーシャの姉ミーラのように閉鎖前に脱出してリトアニア人に匿われた者もいた。

カウナス・ゲットー

一九四一年八月、ナチス・ドイツ軍はヴィリヤンポレ地区にゲットーをつくり、カウナス（ロシア語名・コヴノ）のユダヤ人名士を招集し、ユダヤ人住民全員をゲットーに移住させると、通達した。ユダヤ人側は中止してほしいと頼んだが、「これが現地民による虐殺を防止する唯一の方法だ」と言われ、結局、カウナス・ゲットーに収容された。

初めゲットーには約三万人のユダヤ人が隔離されたが、間もなく三千人が殺され、十月二十八日には約九千人が町はずれの強制収容所となっていた第九要塞に連行されて殺害された。

カウナス・ゲットーのユダヤ人評議会は住民の選挙で選んだので、他の評議会とは異なり、ゲットー住民から比較的支持を集めており、ゲットー内の地下組織とも協力していた。

ゲットー警察でありながらナチスに対するゲリラ活動を支援していた。

しかし、一九四三年秋、親衛隊が直接ゲットーの管理に乗り出し、強制収容所に変えられた。それ以後はユダヤ人評議会の権限は大幅に小さくなり、カウナス付近に次々につくられた付属収容所に分散させられた。また二千七百人ほどの健康な者をエストニアの労働収容所へ、老人、子供などはアウシュヴィッツ＝ビルケナウ強制収容所へと移送した。ソ連軍が接近したので一九四四年七月八日に撤収を決定、ドイツのダッハウ強制収容所かポーランドのシュトゥットホーフ強制収容所へと移送された。ソ連軍がカウナスに到着する前にゲットーを徹底的に破壊した。この時に二千人ほどのユダヤ人が殺されたという。

4　強制収容所への移送

ナチス・ドイツは一九三三年から一九四五年にかけて、収容する目的別に強制労働収容所、一時的な中継地点としての通過収容所、そして大量殺戮を主な目的とした絶滅収容所を約二万か所に開設した。

ヴィリニュス・ゲットーの閉鎖で、労働に使えると選別されたマーシャたち千七百人の娘は、貨車に詰め込まれて、リトアニアの国境を越え、ラトヴィアのリガ近くのカイザーヴァルト強制収容所を中継して、シュトラスデンホーフ強制収容所、ポーランドのシュトットホーフ強制収容所に収容され、収容所の悲惨な環境の中で過酷な労働をさせられた。

カイザーヴァルト強制収容所

マーシャたちがヴィリニュスから貨車で運ばれ、まず一時的に収容されたのが、ラトヴィアの首都リガ近くのカイザーヴァルト収容所だった。

木造の粗末な一階建てのバラックが並び、周囲の鉄条網には高圧電流が通っていた。縞の囚人服を着せられた人たちやヒトラーの女親衛隊員を見て、マーシャたちは、とうとう強制収容所に来てしまったと、恐怖におののいた。

長い間待たされてから、やっと配られたスープを飲み、皿を戻したときだった。マーシャはドイツ兵に呼び止められ、いきなり殴りつけられて、倒れた。倒れて起き上がれないまま、何回も蹴られた。

〈どんなに顔をよけても、すぐ目の前に奴の長靴が光った。口に当たった!……やっと息を継いだ。唇がしびれ、舌が大きく重くなった。それでもさらに殴られたり、蹴られたりした。もう、そんなに痛さを感じなかった。床に血が流れ出した。私の血だ……。〉

マーシャの前歯が何本も叩き折られたのだった。なぜ殴られたのか、わからなかったが、どうも、スープのおかわりをもらおうとしていると、誤解されたらしかった。

「寝ろ!」と警護兵が叫ぶ。その瞬間に横にならないと、箒で殴られた。頭、肩、手などてあたりしだいに殴られる。みんなが寝ると「動くな!」と命令された。少しでも動くと、窓の外の見張り兵に撃たれるという。バラックから出るのは禁止、話すのも禁止だ。

命令で動かされる強制収容所の生活が始まった。

翌日、水で体を洗い、髪を切られ、手当たり次第に与えられた服を着せられると、トラックで次の収容所へと追い立てられた。

このカイザーヴァルト収容所は、一九四三年三月に建てられた強制労働収容所だった。初めに収容されたのは、ドイツ人の刑事犯数百人だったが、一九四三年夏以降は、リガ・

ゲットーやラトヴィア、ハンガリー、ポーランドからユダヤ人が続々と送られてきた。一九四四年初めには周辺に付属収容所を次々と設置して、強制労働に従事させた。多数の女性が電気製品の生産に従事した。またそれ以外にも、工場、農場などでの労働があった。一九四四年には一万三千人が収容されており、その大多数はユダヤ人だった。七月、ソ連の赤軍の接近で撤収作業が開始されると、数千人が殺害され、まだ労働可能な人は列車や船でダンツィヒに近いシュットットホーフ強制収容所へ移送された。撤収作業は九月に完了。ソ連軍が到着したのは、その直後の十月十三日だったという。

歴代所長の一人エドゥアルト・ロシュマンは、ドイツ系ユダヤ人へひどい迫害をしたことで「リガの屠殺人」と呼ばれ、女性、子ども、そして老人を次々と殺害したと報告されている。また殺害した人たちの服、毛髪、歯等を現金の収入として扱い、収容した人々に一日十八時間の労働を強いた。また、瀕死の人に犬をけしかけ、犬に食い殺されるのを見て楽しむような人物で、結局、約三千五百名を死亡させた責任者だと言われている。

エドゥアルト・ロシュマンは、戦後、ドイツ国防軍伍長の制服を着て連合軍からの追及を逃れ家族の元に戻るが、一九四七年十二月、オーストリア警察当局に逮捕される。連合軍から身柄引き渡し要求が出され、護送中に逃亡。その後、ローマ経由でアルゼンチンへと渡り、名前を変えて働いていた。一九五五年に秘書と結婚したことが妻の耳に入り、一九五九年、重婚罪の容疑で追われ、一九六〇年、リガでの虐殺行為に対しての逮捕状も出された。一九七七年七月一日、アルゼンチン警察に逮捕されたが、四日後、国外退去を条件に釈放される。その後、ロシュマンはパラグアイに移住したが、八月十日、同地で心臓発作を起こし死亡したという。六十九歳だった。

シュトラスデンホーフ強制収容所

一九四三年十月、マーシャたちがカイザーヴァルト収容所からトラックで運ばれたのは、近くのシュトラスデンホーフ収容所だった。元は工場だったという大きな建物が一棟、高い石塀に囲まれており、その石塀の上に有刺鉄線が何重にも張られ、サーチライトが設置され、監視小屋が建っていた。中庭の電柱に吊るされた板きれには、《お前たちは働くために生きているのではなく、生きるために働いている》と書かれていた。

ナチス親衛隊員の所長が点呼をして去り、主任のハンスが毛布を配った。しかし、マーシャに与えられたのは、毛布ではなく大きなプラトーク一枚だけだった。

そのあと冷たいスープが配られてから四階に追いやられた。四階が女性の場所。兵舎と同じように、板寝床が三段に打ち付けられていて、五つに区切られている。各段の一区切りは三六人用で、板寝床にわら布団の袋と枕用の小さめの袋が投げられていた。

「干し草を詰めるのは明日の仕事が終わってからだ。すぐに寝ろ。朝、合図を聞いたらすぐに起きて、中庭に出て、顔を洗え」と、ハンスが怒鳴った。

こうして、シュトラスデンホーフ強制収容所での生活が始まった。

男性の仕事は、当面は敷地内や道の舗装などで、女性は、そのための石を砕き、トロッコで運び、トロッコから石工のところに運ぶのが仕事だった。谷間から石を積んだ重いトロッコを山まで押し上げる仕事は、緊張する。手を放したら、自分が押しつぶされるだけではなく、後ろからくる人たちも轢き殺してしまうことになる。また、トロッコから大きな石を石工のところまで運ぶ仕事も、重くて、危険な重労働だった。特に冷たい雨や雪が降る日は大変だった。

しかし、《ユグラス織物工場》の仕事は、建物内での機械織りで民間の人たちとの共同作業だった。真冬、屋内での作業を望む人は多かった。しかし、すべてはドイツ兵や主任の気まぐれで仕事を割り当てられた。

また、大勢の男性が、道路や野原の地雷を除去する仕事に連れ出された日もあった。地雷が埋まっている野原を、地雷に触れて飛ばされるまで歩くのが仕事だという。

ハンスの体罰

収容所の所長はナチス親衛隊の隊長で、おそろしいサディストだった。主任のハンスは、元囚人で、八年間いろんな収容所にいたそうで、残忍なところが所長に気に入られていた。このハンスがドイツ兵を喜ばせるために次々に恐ろしい体罰を考え出した。

集合が遅い、きちんと整列ができない、意味なく笑ったなどと文句をつけては、何かと罰を要求した。

ある時、《しゃがんでとび跳ねろ》と命令が出た。カエルのようにピョンピョンとび跳ねていなければならない。全員が跳び続けた、ひたすら跳び続けなければならない罰だった。

〈心臓がバクバクして息が苦しくなった。ちょっとでもいいから息を整えたい。わき腹が痛い！　体中が痛み、もう跳べない！　それなのに、ハンスは目をはなさない。気を失って倒れた人がいた。ハンスは、気を失った人に近づくのを許さない。みんなが跳んでいなければならなかった。また一人倒れた。助けを求めている。話ができない様子だ。だれかが、「口がきけなくなっている！」と叫んだ。

見物の将校たちが見飽きるまで、跳び続けさせられた。

これ以上たえられない、心臓が破裂する、もうこれで最後だと、何度も思ったが、でも、心臓は破裂しなかった。〉

「起きろ」「寝ろ」「点呼！」とホイッスルで指示されるままに動く生活だった。

夜の点呼に遅れて、マーシャは顔を殴られた。所長がかんかんに怒っていた。立て続けに殴られてから、ハンスが「入り口で一晩中跪《ひざまづ》いてろ」と怒鳴った。

冷たい風が吹き込む入口にマーシャを跪かせて、監視兵に、立たせないように見張っていろと命じた。

朝まではなんという長い時間だろう。眠っている時、夜はあっという間に終わるのに。

こんな時には時間がちっとも進まなかった。

ある日、通行人にパン切れをもらった人がいたという告発があり、厳しい身体検査で、パン切れを持っている人が見つけられた。

所長は、二人の《罪人》に、隊列の前で服を脱げと命じた。雪が降っていて、とても寒い夜だった。嫌がっていたが、鞭で打たれて服を脱がされた。他の人たちは顔をそむけることは許されず、教訓として見ていなければならない。

バケツで運んできたお湯を頭からかけられ、湯気が立ち上った次の瞬間、つららが垂れ下がった。震え、歯をがちがちさせながら、湯気を立てている下着で体をこする。さらにお湯を頭からかけられる。二人は熱さと寒さで攻められながらも、足が凍りつかないようにとび跳ねることしかできなかった。兵士や所長は面白がっている。体罰は二十分繰り返され、二人はやっと立っている状態だった。老人のはげ頭は薄い氷で覆われ、若い人の頭は掻きむしるので髪の毛がバリバリに凍りつき針のように突っ立っていた。下着はがちがちに凍り、足は死人のように透き通って真っ白になった。警備兵たちは笑い転げて、水のかけ方を指示する。《ズボンにかけろ！》、《頭にやれ！》と。二人は足が雪に凍りつかないように、ピョンピョン飛び跳ねていた。

やっと解放するとき、ハンスは、「明日、四十度の熱があっても仕事を休ませるな」と命じた。年寄りは翌日トロッコのそばに倒れて、そのまま死んだ。もう一人は、辛うじて踏ん張って、熱のためにうわごとを言っていた。みんなで護送兵の目を盗みながらどうにか助けた。見つかったら、銃殺される。

点呼のために整列していた。笛が吹かれた。ドイツ兵がどっと列に割り込んだ。子どもが泣き出し、母親が叫び、パニックになった。ドイツ兵が母親から子どもを奪いはじめたのだった。抱かれていた赤ん坊、手をつないでいた子どもが奪い取られた。母親がドイツ兵にしがみつき子どもを取り返そうとして、殴られ、蹴られ、踏みにじられた。それでも手を放さなかった母親は射殺された。奪われた子どもたちは黒い幌をかけたトラックに投げ込まれて、連れ去られた。

〈その日は六十人の子どもと赤ん坊がどこかに連れ去られた。〉

親友マーシャ

手当たり次第に与えられた服が大きすぎて困っていたマーシャを、織物工場で拾った針で治してくれたことから友だちになった人がいた。名前はマーシャ・メハニック、同じマーシャだが、マーシャよりずっと年上で、賢くて、なんでもできた。ドライな性格で憂鬱なことがあっても気にせずに、愚痴をこぼす人には我慢できない性格だった。マーシャはマーシャの隣で寝るだけではなく、テーブルでも隣にすわるようになった。

演芸会に参加すると冷たいスープが半分もらえるからと、親友になったマーシャに勧められて、マーシャは自作の詩を朗読することにした。

初め、《シュトラスデンホーフ強制収容所》の詩を書いた。毎日の生活を皮肉を込めて書き、朗読した。ふざけすぎると怒る人もいたが、親友のマーシャは褒めてくれた。深刻になってはいけない、何事も皮肉を込めて笑い飛ばさなければならない。

ある日、女性全員が丸坊主にされた。丸坊主の顔は気味悪くなった。すると、次は、全員にスカーフをかぶれと言う命令が出た。

〈ファシストは、強制していると思われたくないらしい。《新しいヨーロッパの》の創造者は寛大で、文化は自由だと評価されたいのだろう。悪事がさらけだされるのを怖がっている。

それなら、わざとみせてやろう！

丸坊主で歩くのはちっとも恥ではない。みんなに、ファシストがどんなことをやらかしているかをみせてやろう！〉

次の演芸会で、マーシャは《女の特急便》を、ニュースのアナウンサーの口調で読んだ。

〈「最初のニュースです。パリから新しいモード雑誌が届きました。今の流行のヘアースタイルは坊主頭に、縞のスカーフをかぶるスタイルです。だから《シュトラスデンホーフ》の女性たちはこのモードをすぐに取り入れました。

第二のニュースは、私たちの収容所に新しい理髪店が開かれ、男性たちはみんな頭の真ん中だけを刈ってもらいました。今年の男性のモードは《シラミの散歩道》スタイルです」

みんなから拍手喝采を受けた。〉

いつも気丈な親友のマーシャが、あるとき、ふっと、「もしかして、この世にマーシャ・メハニックなんか存在しなかったことになるかもしれない。だって、私がいなくなっても世界はなにも変わらない……。こんなことって、あるのかしら」と言った。親友マーシャの弱音を聞いたのは初めてだった。

ドイツ軍の戦況が悪化しているというニュースが多くなると、不可能だと思われていた収容所からの逃亡が始まった。

ある日、建設現場から三人の女性が逃亡した。はじめての脱走だった。ラトヴィアの全強制収容所の最高責任者がとんでやってきた。並んでいる人たちに鞭を突き出して、選別していく。行き当たりばったりに、気の向くままに六人を選び出して、「人質だ。もし二四時間の間に逃亡者を見つけなければ、こいつらを銃殺する」と宣言した。結局、逃亡者は見つからなかった。

また、脱走があった。こんどは絹織物工場から、男性七人、女性二人だった。収容所はパニックに陥り、あの最高責任者がやって来た。怒り狂ったナチの将校が隊列に沿って歩きながら、行き当たりばったりに、鞭を差出し、前に出ろという。鞭が、私の肩に触れそうなくらいに差し出された。指名されたのは隣に並んでいた親友のマーシャだった。マーシャは二歩前に出て、振り向かずに、連れて行かれた。少しも騒がずに、冷静に……。

〈ふっと、「私が殺されても、何も変わらない……」と言ったマーシャ・メハニックの声が聞こえたような気がした。〉

最高責任者は、「お前たちが悪いのだ。一人逃げたら全員の責任だと予告していたはずだ。ここにいれば、仕事も、屋根も、食べ物も心配ないのだ。ただ一生懸命働きさえすれば、生きていられる。逃亡すれば、死刑だ。残ったもの全員も」といつまでも怒っていた。

〈ある晩、隣の荒い鼻息で目を覚ました。料理人の男性だとわかった。私は寝床から出て、耳をふさぎたかったが、気づかれないように動かないで寝ていた。料理人が帰ってしまうと、となりの娘が頭からくるまって何かを食べていた……。〉

時々新聞が置いてあり、戦況がわかった。今、前線はヴィリニュスに近づいているらしい。

健康診断の医師団がやって来た。全員が裸になり、ゆっくりと、一人ずつ、医者の前を通らなくてはならない。ときどき、医者がストップをかけ、全身を見まわし、腕や尻の肉をつまんで痩せ具合を確かめた。痩せていて腫れものがいっぱいできている人の番号を聞き、警護兵が書き留める。

マーシャは通過した。おできは気づかれなかった。次の人が医者に呼び止められた。ドイツ兵に後ろを向けと言われた。彼女は祈るような目で見ている。でも、どうにもならなかった。番号が聞かれ、書き留められた……。全員の検査が終わり、整列して点呼を待った。ハンスと護送兵が書きとめられた番号を呼び上げ、連れ去った。中庭には黒い幌が掛けられたトラックが待っていた。マーシャは辛うじて助かった。今回は……。

長い間ボロボロの靴だったが、やっと別の靴がもらえることになった。靴の倉庫に行くと、マーシャのサイズを聞きもせずに、積まれた靴の中から最初に摑んだ靴を投げてよこした。大きすぎたが、もっと小さいのが欲しいなどと言ったら、「厚かましい」と殴られる。靴の先に紙を詰めて履けばいい。重い木に防水布が貼り付けられたこの《お宝》をもらう時、《囚人番号5007》が木靴一足を受領と記録される。《囚人番号5007》とはマーシャのことだ。収容所では姓も名もなく、あるのは番号だけ。番号を呼ばれたら返事をする。

マーシャは十七歳の誕生日を迎えた

一九四四年七月二十一日、マーシャは十七歳になった。次の誕生日まで生きていられるかどうか、わからない。命の保証はまったくない。ファシストは必ず負けるだろうが、いつ選別があるか、夕方まで生きられるかどうかもわからない。

ドイツ兵も戦線が後退しているのを隠さず、非常に不機嫌だ。ヴィリニュスで戦っているという噂が流れた。

本当にヴィリニュスが解放されるのだろうか？　ドイツ兵がいなくなれば、パネリアイの森に追い立てられることもない。また、星のマークをつけずに、歩道を歩いて、好きな所へ行けるようになる。

〈みんながパネリアイの穴から出て家に戻れたらいい。今までのことすべてが長い恐ろしい夢だったなら、うれしい……。でも、これは夢ではなく、現実。だから、ヴィリニュスが解放されてもパネリアイからは、だれも帰ってこない……。〉

ユダヤ人が聞いても意味を悟られないように、ドイツ兵は特別な言葉を使っていた。いわゆる隠語で、たとえば、銃殺は《特別な整理》、殺すために向かう輸送貨物列車には、《返却無用の荷物》といった言葉があった。

在住者全員がカードに名前と年齢を記入させられると、早速、夕方の点呼で、所長が「五十歳以上だとここでの労働は困難だから、他の収容所へ移動」と読み上げた。後日、こんどは、「働けない人、つまり三十歳以上の人と、十八歳以下の人は別の収容所に移動」と番号を読み上げた。

だれもが、この《移動》が何を意味するか、知っている……。マーシャは、十七歳になったばかりだったが、なぜか、呼ばれなかった。偶然かそれとも間違いか？　移動組に選ばれた人たちが騒ぎ、逃げ出そうと走り出した。ドイツ兵の銃撃は容赦なかった。

夕方、残された若い人たちは、男性が水を運び、女性は床や階段をきれいに洗い流さなければならなかった。逃げ出そうとした人たちが撃たれて床は血の海になっていたからだ。マーシャたちは血の中にあった脳みそを紙に包んで、中庭の壁際に埋めて、墓石の代わりに白い石をおいた。

全員が靴とスカーフ以外は全部脱いで、カイザーヴァルト収容所で見た囚人服と同じ縞模様の服を着せられた。シュトラスデンホーフ強制収容所の撤退開始だった。

シュトットホーフ強制収容所

マーシャが次に収容されたのは、ポーランドのシュトットホーフ強制収容所だった。強制労働が主な目的だが、ガス焼却炉もあった。

門を入るとき見張り兵が「塀には近づくな。電流が通っている」と淡々と警告した。女性用と男性用のバラックの間には二重の鉄条網が張られている。

ブロック長はマックスで、人間の顔をした悪魔。すでに何人もの人を殴り殺しているという。彼も囚人で、自分の妻子を殺害して十一年服役しているが、残忍さが親衛隊員に気に入られているという。

マーシャは《5007》ではなく、《60821》になった。

収容されてからの九日間に、同じブロックから親衛隊員が三回、火葬場行きの犠牲者を選びだした。この収容所の《選別》は、整列させて、痩せている人を選び出して、焼却炉に送ることだ。はじめの二回は三十人、三回目は六十人だった。何人になるまで選び続けるのか、次のグループがいつ収容されてくるかは、誰にもわからない。また、収容所内にあると言われている火葬場がどこにあるのかを、だれも知らなかった。仕事は各種あるが、もちろん個人の希望で選べない。すべては幸運を祈るだけだが、寒い戸外での労働は特に厳しい。

腰まで水につかって塹壕掘りの労働をしていた人たちが、凍傷になり、仕事場から直接火葬場に送られたという話も伝わってきた。

時々、収容所外の村の農家や牧場から求人があった。マーシャは《乳しぼり》に応募した。経験はなかったが、何とかして収容所の外に出たかった。三六人の募集に対して多くの希望者がいたが、幸運にもマーシャは選ばれた。

雇主は意地の悪そうな老人だったが、連れて行かれたのは大きな農場だった。納屋が寝床として与えられ、はじめに三日分のパンの塊を渡された。他に働いていたのは、ウクライナ人の四人家族、フランス人の捕虜とポーランド人の娘たちだった。仕事は重労働だったが、ナチ軍が宣伝しているドイツ人の天国を信じて志願して雇われたというお人よしのポーランド娘や、ウクライナ人の家族と話すことができた。フランス人の捕虜は何も語らず、一日中黙々と働いていたが悪い人ではなかった。早朝から夜遅くまで、雇主は少しも休ませずに仕事を言いつけた。しかし、ここには、過酷な労働があるだけで、殺される恐怖はなかった。時々、収容所に言いつけると老人に脅されたが、収容所のバラックでの暮らしとは全く違った。

〈ここでなら、解放されるまで、生きられるだろう。〉

しかし、収穫も終わり、期限がきて、また収容所に戻された。

また、時間が進まない辛い暮らしが始まった。寒さが厳しくなるにつれ戸外での点呼がひどく苦痛だった。吹雪が荒れ狂い、冷たい風が体に容赦なく吹き付けた。

堪えきれずに柵の鉄条網に突進した女性がいた。これは、収容所で自ら死ぬためのたった一つの方法だが、その女性は強く弾き飛ばされただけで、助かった。監視員がとっさに電流を切ったらしかった。

「だれにもそんなことをする権利はない、命は神さまのものだ！」とひどく殴られた。しかし、翌日、女監視員たちは弱った女性を選び、柵へと突き飛ばして、電流を通したり切ったりしながら、何回で死んでぶら下がるかと賭けをしていた。

ある日、何の説明もないまま、収容所の奥の方へと追いたてられた。仕事の内容はその時にならないとわからないものだ。バラックの悪臭の漂う部屋に、一人では立っていられないほど痩せた人たちがいた。その人たちの服を脱がせて、シャワーを浴びせろと、命令された。簡単に脱がせられないのは、凍傷で化膿した皮膚が服にくっついているからだった。鋏で服を切らなければならない。触ると痛がって悲鳴を上げるので、思わず手を引くと、足早にやってきた看守が強引にはがした。一段と大きな悲鳴が上がった。剥ぎ取った服に肉がくっついていた。あちこちで悲鳴が上がった。

次は服を脱がした人たちにシャワーを浴びせることだった。また悲鳴が上った。それから、監視兵がガス室へと連行して行った。

〈どうして、殺す前にさらに痛めつける必要があるのだろうか？〉

〈驚いた。私は、死んだ人にぴったりくっついて寝ていた！　夜中にすごく寒くて、隣りの人の背中にくっついて、両手を彼女の脇の下に突っ込んだ。彼女はかすかに動いて、手を押さえてくれたような気がした。でも、朝、彼女は死んでいた……。〉

夜寝るときに、明日、生きて目覚められると言う保証は何もない世界。

バラック一棟で毎日四十人から六十人が死亡し、戸口にはいつも固く凍った青ざめた死体の山ができていた。毎朝荷車がきて運んでいく。焼却炉は一昼夜燃やして処理しているが、燃やしきれない死体が大きな山となって残っていた。外に放置された死体は透き通るように白くなり、固く凍っていた。収容所全体では毎日千人くらいの人が死んでいた。

チフスが流行り始めた。チフスはだれにでも襲いかかる。だれにうつるか、どうしたら防げるか、まったくわからない。人を選り好みしない。

恐れていたことが現実となり、とうとうマーシャもチフスに感染したらしく、高熱を出した。戦前のヴィリニュスでの暮らしや家族のことを思い出しながらうつらうつらしていた。

〈いつ死ぬのだろう。これまで生きられたのが奇蹟のような気がする。親友マーシャが「私が死んでも何も残らないし、何も変わらない」と言っていたけど、本当のような気がする。でももう、十分に生きたから、どうでもいいような気もする。〉

しかし、ある朝目が覚めると熱が下がっていた。奇蹟が起こったのだ。

収容所内の人たちが減っていた。チフスで死んだ人も多かったらしいが、すでに男性の撤退が始まっていた。親衛隊員も減っていた。収容所が閉鎖されるのだろう。次には、優秀な女性労働者が別の強制労働収容所に移動させられて、残された人たちは収容所と一緒に焼かれるのだろうという噂だった。奇蹟的にチフスが治ったマーシャも、結局は死ななくてはならない運命なのだろうか……。

うわさ通り、間もなく女性の撤退も始まった。

ある朝早く、監視員がやってきて、「歩けるものは、ここから立ち去る準備をしろ」と、命令した。

マーシャは、ここに残るのだけは嫌だと、必死で立ち上がり、横になったままの人たちを置いてバラックを出た。親友が動けないから自分も残ると決めた女性が、みんなを見送っていた。三日分のパンを渡されたから、三日後にはどこかの収容所に着いて、寝られるだろう。それまでの辛抱である。

シュトットホーフ強制収容所は、ポーランドのダンツィヒ（ポーランド地名グダニスク）の東三六キロほどのシュトットホーフ（ポーランド地名シュトゥトヴォ）に建てられた強制収容所で、収容された者の総数は約十二万人、そのうち死者数は八万五千人という。

第一次世界大戦前までこの付近はドイツ帝国領だったが、ドイツ敗戦後にヴェルサイユ条約によって自由都市ダンツィヒとなった。しかし、ドイツ軍のポーランド侵攻後の一九三九年、自由都市ダンツィヒは再度ドイツ領に編入され、強制収容所が設置された。初めはポーランド人の戦争捕虜や反独ポーランド人を中心に収容する小規模な収容所だった。しかし、一九四二年に国営強制収容所に指定され、拡張されてソ連人やユダヤ人が大勢送られてくるようになり、一九四四年には収容者の七〇パーセントがユダヤ人になっていた。しかしユダヤ人やソ連人はこの後次々と絶滅収容所へ移送されたので、解放されたとき、一番多かったのはポーランド人だったという。シュトットホーフは絶滅収容所ではないが、ガス室があった。ガス室での処刑は一九四四年夏ころにはじまり、一九四四年末に親衛隊全国指導者ハインリヒ・ヒムラーの命令で中止されるまで続き、六万五千人が犠牲になったと言われている。

死の行進

全員が追われるように歩き続けた。初めに渡された三日分のパン以外は、何も与えられず、途中の畑で見つけたジャガイモ、ニンジン、キャベツなどを手当たり次第に食べた。途中からドイツ兵は犬の手綱を短くして、全員に大声を出すことを禁止した。ソ連軍が近くにいるらしい。

仲間に助けられながらやっと歩き続けていたマーシャは、もう一歩も進めなくなり、気がつくと、側溝に倒れこんでいた。はじめのうちは歩けなくなるとドイツ兵に銃で撃たれたが、もう倒れてもそのまま置き去りにするだけだった。ソ連の赤軍が近くにいるのなら、ここにいることを知らせたかったが、マーシャは少しも動けず、声も出せなかった。

そのまままた、眠るように意識を失った。

「眠っていてはだめよ。死んでしまうから」という声がした。

怪我をしていなかったが、全身から力が抜けている。

「眠ったらダメ」

女性の声で何回も目を覚まされ、励まされて、差し出された棒切れを摑んで、やっと側溝から這い出た。

親切な女性はハンガリー人の元学校の教師だった。

「家族全員が射殺され、一人だけ残ったけど、それでも、生きなくては」と、言った。


二人は再びドイツ兵に捕えられ、ストレンチネの大地主の家畜小屋に閉じ込められた。すでに大勢が閉じ込められており、死んでいる人もいた。何日か後、あたりで恐ろしい音が轟きはじめた。鈍い爆発音が続いて聞こえた。

外から呼びかける声が聞こえた。納屋ごと焼き殺されるかもしれない。だれかが外から壁を叩き、ロシア語らしいが、ポーランド語かもしれない。何やら叫んでいる。赤軍が来たのだろうか。

「もう、ドイツ兵は逃げた」と聞こえたが、嘘かもしれない。挑発かもしれない。答えてはいけない、とみんなで黙っていた。

いきなり、扉が開き、赤軍の兵士たちが走りこんできた。

ソ連の赤軍に解放されたのは、一九四五年三月十日、マーシャは十七歳だった。

納屋の外では、救急車が疾走し、赤軍兵士が走りまわっていた。マーシャは赤軍兵士に村の農家に運び込まれた。

だが、解放されてもすぐにヴィリニュスに帰ることはできなかった。村で赤痢が発生して隔離されたため、村を出ることを禁じられたのだった。赤軍の兵士たちは、先へと進んでいった。その後、隔離が解かれ、ソ連赤軍の軍医が発行した移動証明書を持って村を出発した。証明書には、強制収容所から解放された人たちであると書かれ、《ランツェの夕ザレタ支部長。主任医師ヤニツキー、ＨＫＣ軍事拠点、野戦郵便３７７９４、一九四五年四月二十一日》と署名があった。

駅からは、貨物列車の屋根にしがみついて、ヴィリニュスへと向かった。四月最後の日に、トルニ駅でヴィリニュスからポーランドへと向かう列車に行きあった。ヴィリニュスからポーランドへ帰還する人たちの暖房列車だった。

偶然にも、その列車にマーシャたちが住んでいたアパートの管理人のおじさんが乗っていて、アパートが爆撃されてなくなったこと、パパが帰還したこと、姉のミーラも元気だということ、そして現在の住所を聞いた。

連合国軍はヨーロッパ全土を進軍しながら次々と強制収容所や出会った移送中の人たちを解放していった。一方ドイツ軍は、戦争終了間際の数か月間、列車や「死の行進」と呼ばれる徒歩行軍で収容所のユダヤ人らを移動させた。このような死の行進は、一九四五年五月七日にドイツ軍が連合国軍に対して無条件降伏するまで続いた。西側の連合国にとって、第二次世界大戦がヨーロッパで正式に終結したのは、翌日の五月八日（欧州戦線勝利日）で、マーシャが国境の町グロドネンスクでもらったソ連邦内務人民委員部発行の通過証明書の発行日は一九四五年五月二十日だった。

ヴィリニュスの町に帰って

マーシャは、ヴィリニュスで無事だった父と姉のミーラに再会できた。

父は、再婚していた。

母が話していたとおり、ソ連の赤軍の志願兵になっていたのだった。

姉のミーラは法律大学の学生になっていた。

ミーラは、ゲットーを逃亡後、イオナイチス先生、ヤブロンスキス教授などに助けられて、中央古文書館館長のヨザフ・スタカウスカス司祭の古文書館の部屋に匿われた。

スタカウスカス司祭は、何の理由もなくユダヤ人が虐殺されているのを知った時から、絶対に殺させてはいけないと決意して、入念に準備をした。そして古文書館が元修道院に移されるときに、火事の被害を最小限にするためにという口実で防火壁をつくる許可をとった。信頼できる友人ジェマイチスに計画を打ち明け、ジェマイチスは教師を辞めて、念入りに隠れ部屋を作った。そして、十一人を匿い、配給券もない彼らの食糧を確保し、凍えないように薪を準備したのだった。

ミーラたちが隠れ部屋から出て、自由になったのは一九四四年六月十二日だった。

マーシャよりも、一年近く早く自由になっていた。

ある日のこと、町ですれ違った人の言葉に、マーシャは震えがとまらなくなった。

「ヒトラーがユダヤ人全員を殺さなかったのは残念だ……」、「残念だよ、ヒトラーが殺したのは全員じゃなかった……」と。

また、マーシャが収容所に入れられていたのを知ったミーラの友だちには「何の抵抗もせずに収容所送りになるなど、考えられないね。まるで羊のように大人しくナチス・ドイツの言いなりになっていたなんて、同じ民族として恥だ」とも言われた。

マーシャは、町に出ることが怖くなった。すれ違う人、隣を歩いている人たちの顔を見ることができず、話し声には耳を閉ざした。ユダヤ人は、全員ヒトラーに殺されればよかったと、みんなが言っているような気がした。

ゲットー閉鎖後のマーシャの母、妹のラエチカ、弟のルービックのその後の消息は全く分からなかった。

ソビボル絶滅収容所

マーシャは、母、妹、弟たちはゲットーからすぐにパネリアイの森に連行されたのだと思っていた。しかし、あの日ゲットーからオシフィエンツィム（アウシュビッツ・ビルケナウ）に送られた人もいると聞いた。また、ソビボル強制収容所の記録には、ヴィリニュスから五千人収容という記録が残っている。もしかして、ソビボル強制収容所に送られたのかもしれない。

ソビボル強制収容所は、ポーランド東部のルブリン県のソビボル村につくられた強制収容所で、絶滅収容所とも言われている。ウクライナの国境付近の寒村ソビボルは、人気がなく、森に囲まれていて発見されにくく、鉄道が通っており、絶滅収容所に最適な立地条件のため、ユダヤ人絶滅を目的としたラインハルト作戦（ナチスの大量虐殺作戦）に則って作られた三大絶滅収容所の一つだ。

一九四二年三月からつくられた収容所の総面積は五八ヘクタールで周囲は鉄条網と濠と地雷が設置されており、さらに機関銃を備え付けた監視塔が四つ備わっていた。ソビボル駅から分かれた線路がソビボル収容所入り口まで伸びていた。

列車に詰め込まれて到着した人々は、まず労務班に必要な者が選別され、それ以外の「必要のない者」はガス室で「処理」された。到着から数時間で「処理」されたという。ガス室は初めは三つだったが、五つに増やして、一度に四百人のガス殺が可能だったという。ほぼ一年間続けていた。

監視員は捕虜になってからナチ協力者になった百名ほどのウクライナ義勇兵で、制服が黒いことから「黒の連中」と呼ばれ、親衛隊員以上に粗暴で恐ろしかったと、生き残った人たちの多くが証言している。

ドイツの戦況が悪化した一九四三年七月からはソビボルは弾薬庫として使用されるようになり、弾薬が多く運送されてきたため、ユダヤ人輸送列車の数が減少し、結果としてユダヤ人殺害にも一定の歯止めがかかるようになったが、それでもユダヤ人虐殺は続けられた。

さらに一九四三年十月には囚人の大脱走騒ぎがあり、ヒムラーはこの事件の直後にソビボル収容所の閉鎖を決定した。解体作業はドイツ陸軍工兵部隊が行い、証拠隠滅のため、解体後に植林も行われた。

収容されていた人たちから最も悪質な看守として恐れられていたグスタフ・ワグナーは、ナチス国家の崩壊後、どこの国とも犯罪人引渡条約を結ばないブラジルへ逃げこんだため、処罰からは逃げおおせていたが、一九八〇年十月に謎めいた自殺をした。

5　現在のリトアニア

ユネスコの世界遺産に登録された美しいヴィリニュスの旧市街の裏には《ホロコースト》という歴史もあった。

ヴィリニュスの街並み

ヴィリニュス・ゲットー跡

旧市街の旧市庁舎広場の近くの北西側にユダヤ人強制居住区のゲットーが二か所あった。今はまた居住地となっており、ゲットーがあったことがわかるのは建物の壁に埋め込まれたプレートだけだ。狭い通りの両側には石造りの建物が隙間なく続いている。外壁はクリーム色、薄茶色、グレーなどの地味な色で、寂しげな裏通りだが、小さなホテルもあり、バルコニーには花が咲き、小奇麗だ。車道は石畳で、建物の外壁にはめ込まれたプレートから十八Cの建物であることがわかる。戦災を逃れた建物は、ゲットー以前からここにあって、ゲットーで何が起こったかを見ていたということだ。

ゲットーの地図のプレート（ヴィリニュス）

スチクリュ通りを行くと、「この建物

は十六世紀に建てられ、一九四一年までの八十年間はユダヤ人の祈りの家だった」というプレート、ジドー通りのプレートには、当時のユダヤ人街の地図があり、「第二次世界大戦時代ここにユダヤ人街・ゲットーがあった」と四か国語で書かれている。観光案内のプレートと同じプレートだ。

ユダヤ博物館（グリーンハウス）

背の高い木立に囲まれた緑色の木造の一軒家で、博物館には見えないが、展示室に入ると、リトアニアにおけるユダヤ人コミュニティーの誕生に始まり、第二次世界大戦のホロコーストでリトアニア全土にいた二十二万人のユダヤ人のほとんどが虐殺されるまでが、様々な資料で解説されている。特にホロコーストが実施された経緯が、年次ごとに、その当時の写真や日記や手紙を用いた体験者の語りを中心にまとめられていて、生き残った人々の証言を集めた映像とともに、リトアニアにおけるホロコーストを理解することができる。ユダヤ人救済に尽力した人々のパネルの中には、命のビザで知られる杉原千畝《ちうね》氏の解説もある。博物館前庭には、杉原千畝が好きだったピアノソナタ「月光」をモチーフにしたモニュメント（作・北川晶邦）がある。また著者が翻訳したマリア・ロリニカイテ著『長い沈黙』も展示されている。

パネリアイ・メモリアル

ヴィリニュスの南西部九キロほど森の中に、十万人ものユダヤ人らが虐殺されたパネリアイの森がメモリアルとなって整備されている。

パネリアイの森の記念碑

森の中にはダビデの星や火台が刻まれた記念碑が点在し、ユダヤ人十万人の虐殺の場となった大きな円形の空間がいくつも保存されている。ある円の真ん中には梯子状のものが置かれ、説明板には、《埋められていた死体を掘り出して

焼き、骨を砕き、どんどん積み上げていくときに使用した》とある。（写真下）

入り口付近に小さな博物館があり、当時の残酷な写真などが展示されているが、二〇一四年、リトアニア共和国とユダヤ博物館主催で、パネリアイ・メモリアルの復興アイディア・コンクールが行われた。間もなく充実した博物館もできるのだろう。

第九要塞博物館（カウナス第九強制収容所）

カウナス市内から約6キロ離れた丘陵地にある。カウナスには十九世紀に帝政ロシアが建造した十二か所の要塞があったが、唯一現存する要塞で、第二次世界大戦中、リトアニアを占領したナチス・ドイツはユダヤ人の強制収容所として使い、リトアニアの各地から五万人にも及ぶユダヤ人らを収容し、虐殺したり、他の強制収容所に送ったりした。

現在は博物館で、ホロコーストなどの犠牲者の遺品や写真などを集めた資料館となっている。アウシュヴィッツ収容所、広島平和記念館とともに、世界の三大《負の遺産》のひとつと言われている。

厚いコンクリートの壁に囲まれた頑丈な建造物だが、集団で脱走したという話が残っている。ユダヤ人約六十人が数か月かけて鉄の扉に開けた小さな穴が三百に達し、ドイツ人将校たちがクリスマスに浮かれている最中にその扉を破り二手に分かれて脱走した。森へ逃げた一行は道に迷い追っ手に捕まりほとんどが殺されたが、ゲットーに逃げた込んだ人たちは生き延びることができたという。

杉原千畝記念館

日本のシンドラーと言われている杉原千畝氏がカウナスで執務していた日本領事館が記念館となっている。第二次世界大戦でドイツに占領されたポーランドから多数のユダヤ人が隣国のリトアニアに逃れてきて、日本経由で外国に逃れるための通過ビザを取得するために、日本領事館に押しかけた。リトアニア領事館員の杉原千畝氏は日本政府から許可を得られないまま、ほとんど無制限にビザを発給した。その数は数千枚を超えるといわれる。こうして、多数のユダヤ人の命が救われた。杉原千畝には、戦後、イスラエルから「正義の人」賞が贈られている。

おわりに

リトアニアに一九四一年に在住していたユダヤ人約二十二万人のうち、生き残れたのは三万人足らずだった。戦後はソ連の一共和国となり、暴力を伴う反ユダヤ主義は見られなくなったが、市民の間では反ユダ主義の感情は残ったままだった。ソ連末期にグラスノスチ（情報公開）政策が展開され、言論の自由化で再び反ユダヤ主義が表面化して、大勢のユダヤ人が出国した。そして、二〇〇一年の統計だと、リトアニア在住のユダヤ人は人口の〇・〇四パーセントの千三百名足らずだと言う。

リトアニア人のホロコースト関与をめぐる議論は起こされにくい状況だが、時代が変わろうと、政権が変わろうと、虐殺が犯罪でなくなるわけではない。

「人道に反する罪は絶対に許さない」という思いを共有しなければならないだろう。すでに、ナチス・ドイツのユダヤ人絶滅計画を葬ってから七十年を過ぎた。

改めて、なぜ、ホロコーストが起きたのか、なぜ、こんな非人間的な行為ができたのかを、考える。ナチス親衛隊が極端に冷酷な人間の集まりだったのかというと、そうではなく、ごく普通の人間で、家に帰れば良き夫、良き父親だった。これは、日本人の戦争体験からも理解できる。人間は反人間的なシステムの中に置かれると変わってしまうということなのだろう。

ヒトラー政権が民主主義を無視して強引に政治を進めた過程に、今の日本の状況が似ているようで怖い。過去の悲惨な戦争体験の反省から生みだされた憲法を無視して突き進むさまは、次なる戦争に向かおうとしているようだ。日々、破滅に向かいつつあるのかもしれない。恐ろしいことだ。

少女マーシャが突然、悲劇に巻き込まれたわけではない。知らぬ間に着々と準備が進められていた結果だ。

作家マリア・ロリニカイテさんは一九二七年リトアニアで生まれた。生還後、モスクワの文学通信大学を卒業してから、ソ連・作家同盟のメンバーになり、レニングラード（今のサンクトペテルブルグ）で作家活動をはじめた。『マーシャの手記』（原題・語らなければならない）、『三つの出会い』、『光に慣れよ』の反ファシズム三部作をはじめ、『長い沈黙』（清水陽子訳）など多くの作品を発表している。テーマは一貫してファシズムの告発で、翻訳サークル「ミーシカの会」の仲間たちと長年、作品を読み続けている。

ドキュメント『マーシャの手記』を読んでいただけたら、もっとストレートに理解し、感じていただけるのにと、もどかしく思いながら、マーシャの体験を解説風にまとめさせていただいた。まとめ方が未熟で、東洋書店の岩田悟氏、群像社の島田進矢氏に大変お世話になりました。

悲劇を繰り返さないためには、幸いにして非人間的な体験をしないで生きられた私たちの世代が、次世代にいかに正しく伝えられるかにかかっている。特に戦後七十年を過ぎたこれからは、その伝え方が重要になってくると思う。そのために少しでもお役に立てれば、幸いです。

参考文献

Мария Рольникайте, *Я должна рассказать*, Советский писатель, Ленинград, 1976.
———, *И все это правда*, Золотой век, Санкт-Петербург, 2002.
———, *Долгое молчание*, Советский писатель, Ленинград, 1981.
畑中幸子、ヴィルギリウス・チェパイティス『リトアニア・民族の苦悩と栄光』、中央公論社、二〇〇六年
原翔『リトアニア』、バルト三国歴史紀行3、彩流社、二〇〇七年
クロード・ランズマン著『SHOAHショア』、高橋武智訳、作品社、一九九五年
ソリー・ガノール『日本人に救われたユダヤ人の手記』、大谷堅志郎訳、講談社、一九九七年
澤田愛子『夜の記憶――日本人が聴いたホロコースト生還者の証言』、創元社、二〇〇五年
『ヒトラーの旋律』（DVD）、A・ユツェルナス監督、ドイツ・リトアニア合作、ポニーキャニオン、二〇〇九年
フリー百科事典「ウィキペディア」

清水陽子（しみず ようこ）
早稲田大学第一文学部卒業。1994年からキルギスのビシュケク人文大学、1997年からカザフスタンの民族総合大学に日本語教師として勤務。訳書にニコライ・ノーソフ『ぼくの友だちミーシカ』、ウラジスラフ・クラピーヴィン『友だちになりたいな』（以上、童心社）、マリア・ロリニカイテ『長い沈黙』（未来社）、著書に『女たちが究めたシルクロード』（共著、東洋書店）、『シルクロードを行く』（ユーラシア・ブックレット、東洋書店）がある。

ユーラシア文庫3

ユダヤ人虐殺《じんぎゃくさつ》の森《もり》　リトアニアの少女マーシャの証言

2016年 2月24日　初版第1刷発行

著　者　清水陽子

企画・編集　ユーラシア研究所

発行人　島田進矢

発行所　株式会社 群 像 社
神奈川県横浜市南区中里1-9-31 〒232-0063
電話／FAX 045-270-5889　郵便振替　00150-4-547777
ホームページ　http://gunzosha.com
Eメール info@ gunzosha.com

印刷・製本　シナノ

カバーデザイン　寺尾眞紀

ISBN978-4-903619-62-0

万一落丁乱丁の場合は送料小社負担でお取り替えいたします。

「ユーラシア文庫」の刊行に寄せて

1989年1月、総合的なソ連研究を目的とした民間の研究所としてソビエト研究所が設立されました。当時、ソ連ではペレストロイカと呼ばれる改革が進行中で、日本でも日ソ関係の好転への期待を含め、その動向には大きな関心が寄せられました。しかし、ソ連の建て直しをめざしたペレストロイカは、その解体という結果をもたらすに至りました。

このような状況を受けて、1993年、ソビエト研究所はユーラシア研究所と改称しました。ユーラシア研究所は、主としてロシアをはじめ旧ソ連を構成していた諸国について、研究者の営みと市民とをつなぎながら、冷静でバランスのとれた認識を共有することを目的とした活動を行なっています。そのことこそが、この地域の人びととのあいだの相互理解と草の根の友好の土台をなすものと信じるからです。

このような志をもった研究所の活動の大きな柱のひとつが、2000年に刊行を開始した「ユーラシア・ブックレット」でした。政治・経済・社会・歴史から文化・芸術・スポーツなどにまで及ぶ幅広い分野にわたって、ユーラシア諸国についての信頼できる知識や情報をわかりやすく伝えることをモットーとした「ユーラシア・ブックレット」は、幸い多くの読者からの支持を受けながら、2015年に200号を迎えました。この間、新進の研究者や研究を職業とはしていない市民的書き手を発掘するという役割をもはたしてきました。

ユーラシア研究所は、ブックレットが200号に達したこの機会に、15年の歴史をひとまず閉じ、上記のような精神を受けつぎながら装いを新たにした「ユーラシア文庫」を刊行することにしました。この新シリーズが、ブックレットと同様、ユーラシア地域についての多面的で豊かな認識を日本社会に広める役割をはたすことができますよう、念じています。

ユーラシア研究所